A AUTONOMIA FINANCEIRA
DAS AUTARQUIAS LOCAIS

JOSÉ CASALTA NABAIS
Professor da Faculdade de Direito de Coimbra

A AUTONOMIA FINANCEIRA
DAS AUTARQUIAS LOCAIS

A AUTONOMIA FINANCEIRA
DAS AUTARQUIAS LOCAIS

AUTOR
JOSÉ CASALTA NABAIS

EDITOR
EDIÇÕES ALMEDINA, SA
Avenida Fernão de Magalhães, n.º 584, 5.º Andar
3000-174 Coimbra
Tel.: 239 851 904
Fax: 239 851 901
www.almedina.net
editora@almedina.net

PRÉ-IMPRESSÃO • IMPRESSÃO • ACABAMENTO
G.C. – GRÁFICA DE COIMBRA, LDA.
Palheira – Assafarge
3001-453 Coimbra
producao@graficadecoimbra.pt

Outubro, 2007

DEPÓSITO LEGAL
265846/07

Os dados e as opiniões inseridos na presente publicação
são da exclusiva responsabilidade do(s) seu(s) autor(es).

Toda a reprodução desta obra, por fotocópia ou outro qualquer processo,
sem prévia autorização escrita do Editor,
é ilícita e passível de procedimento judicial contra o infractor.

NOTA PRÉVIA

Este texto, que aqui apresentamos em publicação autónoma, corresponde a uma actualização e ampliação do estudo com o título «O regime das finanças locais em Portugal» escrito para a obra coordenada por GABRIEL CASADO OLLERO, *La Financiación de los Municípios. Experiencias Comparadas*, Dykinson, Madrid, 2005, cuja versão castelhana se ficou a dever a Sergio Alburquenque Lillo. A versão portuguesa encontra-se no *Boletim da Faculdade de Direito de Coimbra*, vol. LXXX, 2004, tendo sido posteriormente recolhida no livro *Por um Estado Fiscal Suportável – Estudos de Direito Fiscal*, Almedina, Coimbra, 2005.

O pretexto para esta versão foi a nossa participação no ciclo de conferências *30 Anos de Poder Local na Constituição da República Portuguesa*, que decorreu em Braga em finais de 2006, em cujas *Actas* publicámos uma versão correspondente à intervenção que fizemos. A correspondente versão, bastante ampliada e desenvolvida, acaba de ser objecto de publicação no *Boletim da Faculdade de Direito de Coimbra*, vol. LXXXII, 2006.

Nesta publicação autónoma tivemos em conta, todavia, o disposto na recente Lei nº 22-A/2007, de 29 de Junho, que procedeu à Reforma da Tributação Automóvel, o que teve consequências nas receitas fiscais dos municípios, tendo estes passado a dispor, em vez da receita do Imposto Municipal sobre Veículos, de parte do novo Imposto Único de Circulação. Igualmente aproveitámos esta publicação para procedermos a um ou outro pequeno desenvolvimento.

Agradecemos ao Boletim da Faculdade de Direito de Coimbra a permissão para esta publicação.

Setembro de 2007

SUMÁRIO

I. As autarquias locais na estrutura do Estado
  1. As autarquias locais na situação anterior
  2. O princípio da autonomia local
  3. As autarquias locais portuguesas

II. A autonomia financeira local

III. As receitas municipais
  1. As receitas fiscais
  2. As taxas e os preços
  3. As transferências do Estado
  4. O recurso ao crédito

IV. As receitas das freguesias

V. Alusão ao controlo das finanças locais pelo Governo

VI. Que futuro para a autonomia financeira local?

I
AS AUTARQUIAS LOCAIS NA ESTRUTURA DO ESTADO

Para compreendermos a actual autonomia financeira das autarquias locais, não podemos deixar de começar por localizar as chamadas *autarquias locais* na estrutura territorial do Estado, em conformidade com o seu recorte no sistema constitucional. Todavia, como o lugar das autarquias locais nessa estrutura no actual sistema constitucional dificilmente resultará compreensível sem uma alusão à situação anterior, vamos começar justamente por dizer alguma coisa sobre a situação vigente, em geral e em sede das finanças locais, até à Constituição actual, ou seja, até à Constituição de 1976.

Efectivamente, só depois dessa referência teremos condições para detectar o verdadeiro sentido e alcance do princípio constitucional da autonomia local, que vamos analisar. Ainda a este título, impõe-se dar conta dos diversos tipos ou níveis de autarquias locais existentes em Portugal.

1. As autarquias locais na situação anterior

E quanto à situação anterior à actual Constituição, vamos limitar-nos a dizer que numa tal situação as autarquias locais em Portugal se configuraram mais como administração indirecta do Estado do que como uma verdadeira administração autónoma. Uma visão das coisas que naturalmente não podia deixar de se estender, por conseguinte, ao domínio das finanças locais. Uma palavra muito rápida sobre cada um destes aspectos.

E quanto ao primeiro dos aspectos referidos, é de assinalar que, à semelhança do que ocorreu em muitos países, no período em que vigoraram regimes totalitários ou autoritários, com destaque para os regimes vigentes entre a I e a II Guerra Mundial, também em Portugal no regime autoritário vigente entre 1926 e 1974, que ficou conhecido pelo nome de Estado Novo, as autarquias locais deixaram de ser concebidas como o tinham sido durante o século XIX[1], isto é, como administração autónoma face à administração do Estado, para serem vistas basicamente como um especial forma de administração indirecta do Estado.

Pois, embora a Constituição de 1933, que em numerosos aspectos seguiu a Constituição de Weimar, pudesse ter suportado uma administração autárquica verdadeira-

---

[1] É certo que, como dissemos noutro local, não faltou quem durante o século XIX tenha procurado uma compreensão para a administração autónoma local diversa. Foi o caso de R. GNEIST que, contrariando as ideias de Lorenz von STEIN expressas na célebre *Städtordnung* (suporte da reforma comunal prussiana de 1808) e alinhadas pela doutrina alemã da *Selbstverwaltung*, propôs para as comunas alemãs o sistema do s*elfgovernment* inglês caracterizado por ter por fulcro não o eleitorado, isto é, a participação dos interessados na administração dos interesses comunais, mas antes pelo facto de ser levada a cabo gratuitamente por pessoas não funcionários. Cf. o nosso estudo «A autonomia local (Alguns aspectos gerais)», número especial do *Boletim da Faculdade de Direito de Coimbra – Estudos em Homenagem ao Prof. Doutor Afonso Rodrigues Queiró*, vol. II, Coimbra, 1993, p. 107 e ss. (144 e ss.).

mente descentralizada, o certo é que neste, como em muitos outros domínios[2], se forjou uma realidade constitucional moldada pela legislação ordinária própria de um Estado autoritário que, ao fim e ao cabo, pouco tinha a ver com o texto da Constituição[3].

Na verdade, a Constituição de 1933, ao dispor no seu artigo 131.º: que "[o]s regimes tributários das autarquias locais serão estabelecidos por forma a que não seja prejudicada a organização fiscal ou a vida financeira do Estado, nem dificultada a circulação dos produtos e mercadorias entre as circunscrições do País", deixava margem ao legislador ordinário para atribuir às autarquias locais poderes tributários que, no limite, não andariam longe dos poderes próprios dos Estados federados.

Tendo, porém, em conta a realidade a que aludimos, não admira que o regime das autarquias locais, tradicionalmente objecto de codificação no chamado Código Administrativo, tenha sido moldado na versão de 1940 desse Código em termos que configuravam as referidas

---

[2] Dos que podemos indicar: os direitos fundamentais que, não obstante estarem contemplados num amplo catálogo constante do art. 8.º da Constituição, viram a sua efectiva aplicação fortemente restringida quando não mesmo inteiramente bloqueada pelo legislador ordinário; o sistema de governo que, embora no texto da Constituição fosse no sentido de um sistema presidencialista, na prática evoluiu para o que MARCELLO CAETANO designou por *presidencialismo do primeiro ministro*; enfim, o controlo da constitucionalidade das leis, introduzido pela Constituição de 1911 e confiado a todos os tribunais segundo o modelo americano da *judicial review of legislation*, não funcionou.

[3] Daí que alguma doutrina tenha considerado estarmos perante uma *constituição nominal*. Para a caracterização da constituição de 1933, v., por todos, GOMES CANOTILHO, *Direito Constitucional e Teoria da Constituição*, 7.ª ed., Almedina, Coimbra, 2003, p. 178 e ss.

colectividades locais, fundamentalmente, como *administração indirecta do Estado.*

Um enquadramento com o qual concordou de resto a generalidade da doutrina, no que mais não fez do que reconhecer a realidade[4]. É certo que a doutrina sempre reservou às autarquias locais um lugar especial no conjunto da administração indirecta do Estado, um lugar que tinha de característico suportar uma menor subordinação das autarquias locais face à organização administrativa central do Estado. O que levou mesmo o próprio *Professor Marcello Caetano* a reconhecer às autarquias locais um lugar fora da administração indirecta do Estado, pois "as autarquias locais correspondem a substratos cujos interesses próprios existem antes e independentemente do Estado"[5].

Todavia, a falta de democraticidade do regime conjugada com a ausência de efectivos poderes autárquicos e com a forte dependência dos órgãos das autarquias face ao Governo, não permitiam assinalar senão uma *nuance* no confronto das autarquias locais com as demais pessoas colectivas integrantes da administração indirecta do Estado. Por isso, não admira que na prática do Estado Novo as autarquias locais tenham constituído mais uma estrutura de desconcentração (personalizada) da Administração do Estado do que uma verdadeira estrutura de descentralização administrativa[6].

---

[4] V. nesse sentido e por todos, Marcello Caetano, *Manual de Direito Administrativo*, vol. I, 10.ª ed., Coimbra Editora, Coimbra, 1973, p. 192 e ss., e A. P. Pires de Lima, *A Tutela Administrativa nas Autarquias Locais*, 2.ª ed., Coimbra Editora, Coimbra, 1968, p. 27 e ss.

[5] V. o seu *Manual de Direito Administrativo*, vol. I, cit., p. 193.

[6] Cf. o nosso estudo «A autonomia local (Alguns aspectos gerais)», *cit.*, p. 52, nota 97. Quanto aos conceitos de desconcentração e descentralização administrativas, v. *infra* ponto I.2.

Uma configuração das autarquias locais que não podia deixar deter adequada correspondência nas finanças locais. Daí que as receitas das autarquias locais fossem constituídas, em larga medida, por subsídios permanentes do Estado.

Dado o fraco relevo atribuído às demais autarquias[7], vamos referir-nos apenas ao que se passava com os municípios, ao tempo designados por concelhos. Pois bem, as receitas das autarquias municipais, para além dos subsídios permanentes do Estado, eram constituídas, segundo os arts. 703.º e segs. do referido Código Administrativo, por diversos impostos directos, por impostos indirectos e por taxas.

Entre os impostos directos enumerava esse Código:

1) os adicionais às contribuições e impostos do Estado, traduzidos numa taxa ou alíquota incidente sobre a colecta destes e cobrados pela administração fiscal estadual conjuntamente com os impostos principais;
2) o imposto de prestação de trabalho correspondente ao serviço das pessoas, animais e veículos em um dia de cada ano remível segundo tarifas elaboradas anualmente (sendo consentido aos desempregados o seu pagamento por prestação de serviço);

---

[7] Que eram as freguesias a nível infra-municipal e os distritos a nível supra-municipal. Fraco relevo esse que tinha suporte na própria Constituição de 1933, em cujo art. 125.º se prescrevia que "o território do Continente divide-se em concelhos, que se formam de freguesias e se agrupam em distritos", e expressão visível nas finanças dessas autarquias, pois, para além do diminuto peso dos seus orçamentos, as receitas das freguesias tinham por base subsídios do respectivo município e taxas pela utilização dos bens paroquias e as receitas dos distritos assentavam nas taxas cobradas por serviços prestados e em recitas consignadas – v. os arts. 777.º a 782.º e 784.º a 794.º do mencionado Código Administrativo.

3) o imposto para o serviço de incêndios com receita consignada ao serviço de prevenção e extinção de incêndios;
4) o imposto sobre espectáculos,
5) o imposto de comércio e indústria, um adicional ao imposto estadual então existente designado por contribuição industrial[8];
6) o imposto de turismo com receita consignada aos organismos de turismo (arts. 704.º a 713.º).

Por seu lado, quanto aos impostos indirectos, o referido Código Administrativo limitava-se a prescrever que os impostos indirectos consistiam em determinadas taxas lançadas sobre os gados, géneros e artigos vendidos no concelho para consumo que deviam constar de uma pauta estabelecida pela respectiva câmara municipal, proibindo que os mesmos fossem cobrados por motivo de entrada ou trânsito no concelho desses bens e estabelecendo uma lista relativamente extensa de isenções (arts. 714.º a 720.º).

Enfim, relativamente às taxas, previa o art. 723.º diversas situações em que as câmaras municipais podiam cobrar taxas, fixando o art. 724.º os limites dessas taxas através da remissão para uma extensa tabela anexa ao Código.

2. O princípio da autonomia local

Segundo o art. 6.º da Constituição, o Estado português é um Estado unitário que "respeita na sua organização e

---

[8] Adicional que, durante bastante tempo, se designou por licença de estabelecimento comercial ou industrial.

As Autarquias Locais na Estrutura do Estado   15

funcionamento o regime autonómico insular e os princípios da subsidariedade, da autonomia das autarquias locais e da descentralização democrática da administração pública" (n.º 1)[9] e em que "os arquipélagos dos Açores e da Madeira constituem regiões autónomas dotadas de estatutos político-administrativos e de órgãos de governo próprios" (n.º 2).

Nestes termos, o Estado português apresenta-se, antes de mais, moldado pelo *princípio do Estado unitário*. O que significa que temos apenas um Estado, não se verificando, por conseguinte qualquer divisão, em termos verticais, do exercício da soberania[10], havendo um único centro estadual a cujos órgãos cabe o exercício de *toda* a soberania[11]. Uma situação bem diversa da que ocorre nos estados federais,

_____

[9] A respeito do princípio da subsidariedade, que a nosso ver já regia as relações das comunidades territoriais menores face ao Estado, lembramos que a sua consagração expressa na Constituição se concretizou apenas com a Revisão Constitucional de 1997. Pois a anterior consagração constitucional do princípio da subsidariedade, constante do art. 7.º, n.º 6, visando delimitar o empenhamento de Portugal na cooperação e construção da união europeia, não diz respeito à organização interna do Estado.

[10] Uma vez que a titularidade da soberania é una e indivisível. Neste sentido se pronuncia a Constituição portuguesa, que dispõe: "A soberania, una e indivisível, reside no povo que a exerce segundo as formas previstas na Constituição" (art. 3.º, n.º 1) e "O poder político pertence ao povo e é exercido nos termos da Constituição" (art. 108.º).

[11] O exercício desta está assim dividido, apenas em termos horizontais, entre os chamados "órgãos de soberania", uma designação que, introduzida pela Constituição de 1911, se vem mantendo desde então – v., para a Constituição actual, o seu art. 111.º. Designação que, a nosso ver, se conjuga perfeitamente com a situação decorrente da introdução por aquela Constituição (ao que julgamos em termos absolutamente pioneiros no espaço europeu) da já referida *judicial review of legislation*, ou seja, do controlo da constitucionalidade das

em que se verifica uma divisão vertical, em maior ou menor medida, do exercício da soberania entre o Estado federal e os estados federados.

Mas o princípio do Estado unitário comporta limitações, como resulta muito claramente do preceito constitucional acabado de reproduzir. Mais especificamente, comporta as limitações decorrentes dos outros quatro princípios (ou subprincípios) aí consagrados, a saber: o *princípio da autonomia insular*, o *princípio da subsidariedade*, o *princípio da autonomia local*, aquele que aqui nos interessa, e o *princípio da descentralização democrática da administração pública*.

Para uma visão minimamente apropriada das diversas possibilidades de concretização da «descentração» do Estado contemporâneo, um superconceito que comporta dois níveis (o nível político e o nível administrativo) e duas modalidades ou formas de realização (a descentralização e a desconcentração), podemo-nos servir do seguinte esquema:

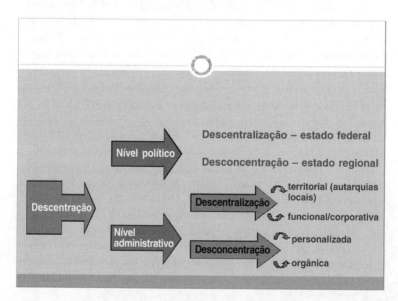

Aplicado ao actual Estado português, o esquema revela-nos, de um lado, um Estado *desconcentrado a nível político*, no respeitante às ilhas atlânticas e, de outro lado, um Estado *descentralizado a nível administrativo*, no concernente a todo o território nacional.

Deste modo, a unidade do Estado é limitada, desde logo, pela autonomia insular. O que comporta o reconhecimento, a nível político, das regiões autónomas, dotadas de um regime político-administrativo próprio, traduzido em os Açores e a Madeira terem a seu cargo, na respectiva região autónoma, as funções legislativa e política (ou "governamental")[12], bem como a correspondente função administrativa, que são exigidas pela promoção e defesa dos interesses regionais. O que configura o Estado português como um *Estado parcialmente regionalizado*[13].

Depois, o princípio do Estado unitário encontra-se limitado, a nível administrativo, de um lado, pela descentralização administrativa territorial, concretizada no reco-

---

leis a cargo da generalidade dos tribunais – cf. o nosso livro *O Dever Fundamental de Pagar Impostos. Contributo para a Compreensão Constitucional do Estado Fiscal Contemporâneo*, Almedina, Coimbra, 1998, p. 299, nota 335.

[12] Entendidas como funções gémeas, na medida em que se desenvolvem em aplicação directa da Constituição, distinguindo-se a primeira da segunda por aquela se concretizar em actos normativos, por via de regra, gerais e abstractos, e esta em actos individuais e concretos. V., quanto a este entendimento, entre nós, AFONSO QUEIRÓ, *Teoria dos Actos de Governo*, Coimbra, Coimbra Editora, 1948, depois em *Estudos de Direito Público*, vol. I – *Dissertações,* Acta Universitatis Conimbrigensis, 1989, Coimbra, p. 499 e ss.

[13] O qual, na parte em que se encontra regionalizado, se assemelha aos Estados regionalizados ou regionais como a Itália e a Espanha.

nhecimento das autarquias locais, às quais cabe, mediante o exercício de uma função estritamente administrativa, prosseguir os interesses próprios das respectivas populações e, de outro lado, pela descentralização administrativa funcional ou corporativa[14] com expressão, designadamente, nas universidade e associações públicas.

É de sublinhar que ao reconhecimento das autarquias locais, com base nos princípios da subsidariedade e da autonomia local, andam associados, na perspectiva constitucional, a própria organização e funcionamento democráticos do Estado. Pois a organização democrática do Estado compreende a existência de autarquias locais, como prescreve o n.º 1 do art. 235.º da Constituição. O que tem o importante significado de a Constituição reconhecer que a gestão dos assuntos locais está reservada às comunidades locais, visando a existência das autarquias locais prosseguir os interesses próprios dos substratos populacionais que as constituem, como dispõe o n.º 2 do referido art. 235.º.

Finalmente, o Estado respeita a descentralização democrática da administração pública, o que, em nosso entender, significou sempre o reconhecimento de uma administração autónoma não territorial ao lado das autarquias locais – a chamada administração autónoma institucional[15].

---

[14] A qual se contrapõe à descentralização administrativa territorial, nada tendo a ver com as estruturas de administração indirecta tradicionalmente designada por «descentralização funcional» ou «descentralização por serviços» – cf. a seguir, no texto.

[15] Logo na versão originária da Constituição – cf. as nossas «Considerações sobre a autonomia financeira das universidades portuguesas», número especial do *Boletim da Faculdade de Direito de Coimbra – Estudos em Homenagem ao Prof. Doutor António de Arruda Ferrer Correia*, vol. III, 1991, p. 329 e ss. (338 e ss. e 351 e ss.).

As Autarquias Locais na Estrutura do Estado 19

A qual pode assumir um cariz mais institucional como a concretizada nas universidades públicas, ou mais corporativo, como a que configuram as associações públicas, em que se destacam as ordens profissionais.

Atendendo ainda ao esquema apresentado, mas agora num outro plano, no plano da desconcentração administrativa, como poderão ver, esta integra a que tradicionalmente era tida, entre nós, por «descentralização funcional» ou «descentralização por serviços», a qual venho designado desde há muito, pois esse esquema já vem desde dos meus primeiros escritos sobre a autonomia local, por «desconcentração administrativa personalizada»[16].

Em suma, o Estado português é um Estado unitário, desconcentrado, a nível político, no respeitante aos arquipélagos insulares dos Açores e da Madeira, e descentralizado, ao nível administrativo, nas autarquias locais e em certas instituições ou corporações em que sobressaem as de ordem profissional. Uma estrutura de organização do poder político e administrativo em que, todavia, ganha especial significado e importância a autonomia das autarquias locais, apresentando-se estas como uma forma qualificada de descentralização da administração pública ou de administração autónoma no quadro do nosso Estado unitário.[17]

---

[16] Cf., para além do estudo referido na nota anterior, os estudos «A autonomia local (Alguns aspectos gerais)», *cit.*, p. 144 e ss., e «A Região Administrativa Especial de Macau: federalismo ou regionalismo?», *Boletim da Faculdade de Direito de Coimbra*, ano LXXVII (2001), esp. p. 473 e ss.

[17]. Cf. o nosso estudo «A autonomia local Alguns aspectos gerais)», *cit.*, p. 58 e ss., esp. p. 73, nota 148. Sobre a descentralização administrativa concretizada nas administrações autónomas, v. também D. Freitas do Amaral, *Curso de Direito Administrativo*, vol. I,

3. As autarquias locais portuguesas

Quanto às autarquias locais, é de começar por dizer que, ao contrário do que se passa, de algum modo, por exemplo em França e na Alemanha[18], mas com algumas semelhanças do que se verifica, em contrapartida, na Itália ou em Espanha, temos uma estrutura autárquica de três níveis sobrepostos de autarquias: actualmente e começando da base para o topo – as freguesias, os municípios, e as chamadas regiões administrativas.

Todavia como as regiões administrativas, embora previstas na Constituição, ainda não foram instituídas, na realidade acabamos por ter apenas dois níveis. Pois as estruturas supramunicipais, sejam as mais antigas como são as associações de municípios, ou as mais recentes como as áreas metropolitanas[19] e as comunidades intermunicipais[20], às quais se tem recorrido sobretudo para fazer

---

3.ª ed., Almedina, Coimbra, 2006, p. 479 e ss., e VITAL MOREIRA, *Administração Autónoma e Associações Públicas*, Coimbra Editora, Coimbra, 1997, p. 23 e ss.

[18] Pois nestes países há apenas dois níveis autárquicos: as comunas e os departamentos em França, e os municípios e os distritos *(Gemeindeverbände: Kreise* e *Bezirke)* na Alemanha.

[19] Previstas na Lei n.º 44/91, de 2 de Agosto, para Lisboa e Porto, as áreas metropolitanas vieram, através da Lei n.º 10/2003, de 13 de Maio, a ser previstas relativamente ao restante território, podendo revestir duas formas: a de grande área metropolitana e a de comunidade urbana. Porém, só aquelas primeiras entraram em funcionamento, às quais se aplicam os princípios do título I da LFL, na medida em que se mostrem compatíveis com a sua natureza, como prevê o n.º 2 do art. 1.º desta Lei.

[20] Criadas pela Lei n.º 11/2003, de 13 de Maio, as comunidades intermunicipais, à semelhança das áreas metropolitanas (excluídas as

face a alguns dos problemas decorrentes da não instituição desse terceiro nível de autarquias locais, não constituem quaisquer autarquias[21].

Para além disso, é preciso sublinhar que a autarquia base ou paradigma – de resto a que tem uma tradição mais longa, pois vem da Idade Média (ou mesmo da época romana) – é o município, constituindo as outras autarquias unidades que apenas são adequadamente pensáveis a partir do município[22]. Com efeito, bem vistas as coisas, numa

---

de Lisboa e Porto), não chegaram a ser implementadas. Para um juízo crítico do regime das áreas metropolitanas e das comunidades intermunicipais, criadas em 2003, v. D. Freitas do Amaral, *Curso de Direito Administrativo*, vol. I, cit., p. 623 e ss,

[21] Com efeito, depois da rejeição da "regionalização" por referendo realizado em 1998, não é previsível que a questão da instituição das regiões administrativas venha a ser retomada a curto ou a médio prazo. Com efeito e não obstante a referida rejeição se ter ficado a dever sobretudo ao concreto recorte de regiões proposto (o que levou muitos regionalistas a votar contra), a "regionalização" continua a ser um assunto que divide profundamente a sociedade portuguesa e os partidos parlamentares. A respeito deste terceiro nível autárquico, é de acrescentar que, embora tradicionalmente previsto, teve sempre uma vida atribulada, sendo em geral constituído pelos distritos, à excepção do período que vai da aprovação da Constituição de 1933 até à sua revisão de 1959, em que estiveram previstas as províncias. Distritos esses que se mantêm no presente, muito embora, desde a entrada em vigor da actual Constituição, essa manutenção seja transitória (até a instituição das regiões administrativas) e a sua configuração seja agora a de meras circunscrições administrativas do Estado – v. o art. 291.º da Constituição.

[22] A tese romana foi defendida com brilho por Alexandre Herculano. Hoje, porém, prevalece a ideia de que o município medieval não é uma continuação do município romano, nas antes o produto das circunstâncias da Reconquista, sendo aliás reconhecido não haver

22 *A Autonomia Financeira das Autarquias Locais*

perspectiva substancial, a freguesia não passa de um submúltiplo e a região administrativa de um sobremúltiplo do município.

Nestes termos, a freguesia, embora formalmente constitua uma autarquia independente da formada pelo município em que se integra, materialmente, porém, não passa duma estrutura de desconcentração personalizada do respectivo município. O que é evidente no respeitante às freguesias localizadas na sede da autarquia municipal, sobretudo quando se trata de cidades ou centros urbanos importantes.

Pois, relativamente a essas freguesias, não se vislumbram quaisquer interesses locais específicos e diferentes dos do município. Na verdade, tais freguesias servem basicamente como estruturas de desconcentração (personalizada) dos serviços municipais, designadamente nos municípios urbanos de maior dimensão[23].

Daí que, a nosso ver, uma verdadeira reorganização desse nível autárquico devia passar, entre outras coisas, pela extinção das freguesias urbanas e pelo reforço das

---

uma resposta uniforme para explicar a origem de todos os municípios portugueses, defendendo-se, em consequência, soluções diversificadas consoante o tipo de município – v. Marcello Caetano, *Estudos de História da Administração Pública Portuguesa*, organizada por D. Freitas do Amaral, Coimbra Editora, Coimbra, 1994, p. 325 e ss.; José Matoso, *Identificação de um País. Ensaio sobre as Origens de Portugal* 1098-1325, Lisboa, Estampa, 1985, p. 333 e ss.; e Maria Helena da Cruz Coelho / J. Romero de Magalhães, *O Poder Concelhio. Das Origens às Cortes Constituintes,* Edição do Centro de Estudos e Formação Autárquica, Coimbra, 1986, p. 1 e ss.

[23] O que nem surpreende se se tiver em conta a origem exclusivamente religiosa e rural das freguesias. – cf. Marcello Caetano, *Estudos de História da Administração Pública Portuguesa*, cit., p. 335 e ss.

As Autarquias Locais na Estrutura do Estado 23

atribuições e competências das freguesias rurais. O que, naturalmente, implicaria a reestruturação destas de modo a disporem de dimensão e capacidade compatíveis com esse âmbito mais alargado de atribuições e competências.

Aliás, a este propósito, seja-nos permitida aqui uma observação. Tem ela a ver com um aspecto, por via de regra, esquecido no debate sobre a reforma autárquica, em cujo quadro se discorre frequentemente sobre a necessidade de reorganização das autarquias locais. Pois bem, desse debate está quase sempre ausente o problema da necessidade de extinção de autarquias locais, sejam essas freguesias, sejam municípios. Desde logo, era bom que nos interrogássemos sobre se são mesmo necessários três níveis sobrepostos de autarquias locais[24].

Depois, é preciso ter presente que o problema magno do nosso país é, em larga medida, o dos custos avassaladores do que podemos designar por "conselho de administração" do Estado, constituído pelos órgãos de soberania, das regiões autónomas e das autarquias locais. Daí que seja de nos interrogarmos sobre a efectiva necessidade da dimensão da máquina que suporta a Presidência da República, do número de deputados da Assembleia da República e das assembleias regionais, do número dos membros do Governo da República e dos governos regionais, do número de tribunais, dos níveis e do número das autarquias locais, etc. Pois, não nos podemos esquecer que somos 10 milhões de habitantes e não 80 milhões como na Alemanha ou 60 milhões como em França. Pelo que se impõe um mínimo de coerência entre a dimensão do País e a sua máquina política e administrativa.

---

[24] Cf. o que dizemos *infra*, no ponto VI.

Uma ideia, que aplicada às autarquias locais, implica que, tanto quanto aos níveis, como quanto ao número de municípios e de freguesias, perguntemos pelos interesses próprios e específicos que verdadeiramente podem ser postos a seu cargo. Na verdade, há que evitar, a todo o custo, alinhar com meras "nomenclaturas" de poder que, fazendo-se passar por imprescindíveis estruturas de funcionamento democrático do Estado, alimentam, em verdadeiro circuito fechado, um sistema político e de partidos em absoluto parasitismo das estruturas estaduais. O que tem tido como consequência o aumento contínuo da carga fiscal não só em termos absolutos mas sobretudo enquanto reportada ao nível e qualidade dos serviços públicos proporcionados pelo Estado, carga que, como é reconhecido, atinge já níveis preocupantes[25].

Por seu turno, as regiões administrativas, de acordo com o seu recorte constitucional, quando forem instituídas[26], hão-de configurar-se como autarquias supramunicipais para as quais serão fundamentalmente transferidas atribui-

---

[25] A este respeito, é de sublinhar que o nosso verdadeiro problema, com nefastas consequências para a instauração e manutenção de um sistema democrático, tem sido invariavelmente sempre o mesmo – o do permanente desequilíbrio das contas públicas. De facto, em democracia, temos tido quase sempre uma disciplina orçamental próxima da anarquia. Por isso, a 1.ª República durou apenas 15 conturbados anos, a 2.ª República foi um regime autoritário, e a 3.ª República deve a sua sobrevivência à disciplina orçamental de Bruxelas e, sobretudo, à "mesada" que representam os Fundos Comunitários, a qual se iniciou logo a seguir à instauração e triunfo do regime democrático com as célebres ajudas comunitárias pré-adesão. Pois, não fosse essa "mesada", e certamente a 3.ª República teria durado bem menos do que a 1.ª. Cf. também *infra*, ponto VI.

[26] Se vierem a ser instituídas – cf. o que dissemos *supra* na nota 21.

ções e competências do Estado, designadamente nos domínios da "direcção de serviços públicos e tarefas de coordenação e apoio à acção dos municípios no respeito da autonomia destes e sem limitação dos respectivos poderes" (art. 257.º da Constituição)[27].

Daí que, como é fácil de ver, qualquer tratamento das autarquias locais tenha por objecto fundamentalmente a autarquia municipal. O que, naturalmente, não deixará de se verificar neste estudo, constituindo o quadro jurídico da autonomia financeira das autarquias locais, que vamos traçar, sobretudo um quadro jurídico da autonomia financeira municipal.

---

[27] V. também os restantes artigos do capítulo da Constituição dedicado às regiões administrativas, que vai do art. 255.º ao art. 262.º. Sobre as autarquias locais, v. igualmente D. FREITAS DO AMARAL, *Curso de Direito Administrativo,* cit., p. 417 e ss. Quanto ao carácter paradigmático dos municípios, no quadro das autarquias locais, é de acrescentar, que o mesmo é visível na generalidade dos países.

II
A AUTONOMIA FINANCEIRA LOCAL

Como bem se compreende, na análise da autonomia financeira local, vamos ter em conta a nova Lei das Finanças Locais (LFL)[28], bem assim a lei que veio estabelecer o Regime Geral das Taxas das Autarquias Locais (RGTAL)[29], ambas em vigor desde 1 de Janeiro de 2007[30].

Mas a autonomia financeira das autarquias locais, muito embora esteja concretizada sobretudo na LFL, tem expressão muito importante tanto na Constituição como na Carta Europeia da Autonomia Local. Por isso, impõe-se que comecemos por analisar esses textos básicos da autonomia financeira local.

---

[28] A LFL/2007 foi aprovada pela Lei n.º 2/2007, de 15 de Janeiro, a qual revogou a Lei n.º 42/98, de 6 de Agosto (a LFL/1998) e entrou em vigor a 1 de Janeiro de 2007.

[29] Aprovado pela Lei n.º 53-E/2006, de 29 de Dezembro. A essas duas leis, é de acrescentar, para completar as leis que recentemente vieram reorganizar as autarquias locais, a Lei n.º 53-F/2006, também de 29 de Dezembro de 2006, que aprovou o Regime Jurídico do Sector Empresarial Local (RJSEL).

[30] Para a situação no anterior quadro legal, v. o nosso estudo «O regime das finanças locais em Portugal», por último no nosso livro em *Por um Estado Fiscal Suportável – Estudos de Direito Fiscal*, Almedina, Coimbra, 2005, p. 560 e ss.

Pois bem, a autonomia financeira das autarquias locais tem expressa consagração na Constituição, tanto no respeitante às autarquias locais em geral como no concernente aos municípios, e na Carta Europeia da Autonomia Local. Assim, de acordo com o art. 238.º da Constituição: "as autarquias locais têm património e finanças próprias" (n.º 1); "as receitas próprias das autarquias locais incluem obrigatoriamente as provenientes da gestão do seu património e as cobradas pela utilização dos seus serviços" (n.º 3); e "as autarquias locais podem dispor de podres tributários, nos casos e nos termos previstos na lei" (n.º 4)[31].

Por seu lado, no que especificamente diz respeito aos municípios, dispõe o art. 254.º da Constituição: "os municípios participam, por direito próprio e nos termos definidos pela lei, nas receitas provenientes dos impostos directos" (n.º 1); e "os municípios dispõem de receitas tributárias, nos termos da lei" (n.º 2).

Enfim, o 9.º da Carta Europeia de Autonomia Local[32] prescreve: "as autarquias locais têm direito, no âmbito da política económica nacional, a recursos próprios adequados, dos quais podem dispor livremente no exercício das suas atribuições" (n.º 1); e "pelo menos uma parte dos recursos financeiros das autarquias locais deve provir de

---

[31] Dispondo o n.º 2 desse artigo: "O regime das finanças locais será estabelecido por lei e visará a justa repartição dos recursos públicos pelo Estado e pelas autarquias locais e a necessária correcção de desigualdades entre autarquias do mesmo grau".

[32] Aprovada pela Resolução da Assembleia da República n.º 28//90 e ratificada pelo Decreto do Presidente da República n.º 58/90, de 23 de Outubro.

rendimentos e de impostos locais, tendo estas o poder tributário nos termos da lei" (n.º 3)[33].

Ora bem, embora os referidos preceitos da nossa Constituição utilizem a expressão algo imprecisa de "finanças próprias", o que eles pretendem dizer é que as autarquias locais dispõem de autonomia financeira. Significa isto que as autarquias locais devem dispor de receitas suficientes para a realização das tarefas correspondentes à prossecução das suas atribuições e competências.

O que não implica, convém acentuá-lo, uma *autosuficiência económica*, entendida como o poder das autarquias para decidir de todas as suas fontes de financiamento, nem que todas as suas receitas tenham de se configurar como receitas próprias das comunidades locais. Com efeito, estas também podem alcançar a sua suficiência financeira à custa de transferências estaduais, mormente através da participação em receitas estaduais, conquanto que tais transferências obedeçam a critérios objectivos, estritamente definidos na lei e desde que não impliquem qualquer tipo de vinculação ou dependência face à administração estadual, nem constituam o suporte de intoleráveis desigualdades económicas e fiscais entre as autarquias.

Mas, como é fácil de ver e largamente reconhecido, a autonomia financeira das comunidades locais será assegurada em termos mais adequados e eficazes se uma parte significativa das suas receitas se configurar como receitas próprias, devendo, por conseguinte, a lei atribuir às autar-

---

[33] Dispondo o n.º 2 desse art. 9.º: "Os recursos financeiros das autarquias locais devem ser proporcionais às atribuições previstas pela Constituição ou por lei", no que constitui uma expressão do princípio da coerência a que nos vamos referir já de seguida.

quias locais, no seu conjunto ou a cada uma das suas categorias (ou níveis) – sobretudo aos municípios –, receitas que tenham essa natureza, nomeadamente certos impostos cobrados nas respectivas circunscrições ou impostos locais. O que tem expressão cabal nos reproduzidos preceitos da Carta Europeia de Autonomia Local.

Um princípio muito importante, base de todo o regime financeiro das autarquias locais, que não podemos aqui deixar de referir, é o *princípio da coerência*, consagrado logo no próprio pórtico da LFL, mais especificamente no seu art. 2.º. Nos termos deste preceito, "o regime financeiro dos municípios e freguesias respeita o princípio da coerência com o quadro de atribuições e competências que legalmente lhe está cometido, designadamente ao prever regras que visam assegurar o adequado financiamento de novas atribuições e competências".

Princípio que tem, de resto, diversas expressões específicas no texto da própria LFL. Entre elas, podemos referir a concretizada na criação do Fundo Social Municipal, destinado que está sobretudo a fazer face às novas competências municipais no domínio das funções sociais, ou seja, na área da educação, da saúde e da acção social (arts. 24.º e 28.º). Mas há outras, como a previsão do aumento da participação no Fundo de Equilíbrio Financeiro ou no Fundo de Financiamento das Freguesias em caso de transferência de competências para os municípios ou para as freguesias, ou ainda a expressa na maneira como se apresenta o objectivo do próprio Fundo Geral Municipal (art. 53.º).

Como outros princípios importantes referentes às finanças locais, por isso mesmo integrantes do título I da LFL, podemos referir os princípios da coordenação das finanças locais com as finanças estaduais, da promoção da sustentabilidade local, da participação das autarquias nos recursos públicos e da cooperação técnica e financeira, consagrados nos art. 5.º, 6.º, 7.º e 8.º da LFL.

Com o *princípio da coordenação* das finanças dos municípios e das freguesias com as finanças do Estado visa-se o desenvolvimento equilibrado de todo o País e a necessidade de atingir os objectivos e metas orçamentais traçados no âmbito das políticas de convergência a que Portugal se tenha obrigado no seio da União Europeia. Coordenação que se efectua através do Conselho de Coordenação Financeira e passa, nomeadamente, pela fixação de limites máximos de endividamento municipal na Lei do Orçamento do Estado diversos dos constantes da LFL, bem como por a violação do limite de endividamento previsto para cada município implicar a redução no mesmo montante das transferências orçamentais devidas no ano subsequente, o qual se destina ao Fundo de Regularização Municipal previsto no art. 42.º.

O *princípio da promoção da sustentabilidade local* implica, por seu lado, que o regime financeiro dos municípios e das freguesias deve contribuir para o desenvolvimento económico, para a preservação do ambiente, para o ordenamento do território e para o bem-estar social. Princípio cujo cumprimento passa, designadamente, pela discriminação positiva em sede do FGM, pela exclusão dos limites de endividamento municipal das dívidas contraídas para o desenvolvimento de actividades de reabilitação urbana, bem como pela concessão de benefícios fiscais relativamente a impostos de receita municipal a contribuintes que actuem de acordo com padrões de qualidade ambiental e urbanística.

Segundo o *princípio da participação das autarquias nos recursos públicos*, cada autarquia local participa nos recursos públicos nos termos e de acordo com os critérios estabelecidos na LFL, visando o equilíbrio financeiro vertical e horizontal. Ou seja, visando, de um lado, adequar os recursos de cada nível de administração às respectivas atribuições e competências e, de outro lado, a correcção de desigualdades entre autarquias do mesmo grau resultantes, designadamente, de diferentes capacidades de arrecadação de receitas ou de diferentes necessidades de despesas. Um princípio que, como se está a ver, tem importantes ligações com o princípio da coerência.

Enfim, o *princípio da cooperação técnica e financeira* prende-se com os termos estritos em que, excepcionalmente, pode haver lugar a auxílios financeiros do Estado às autarquias locais. Assim, por via de regra, os auxílios financeiros do Estado às autarquias locais estão proibidos, podendo os mesmos ser concedidos nos termos previstos constantes dos n.ºˢ 2 a 8 do referido art. 8.°[34].

Depois, a autonomia financeira exige que as autarquias disponham de liberdade para estabelecer o destino das suas receitas e para realizar as suas despesas, afectando livremente as primeiras às segundas. O que impede o legislador, ou qualquer outro órgão do Estado ou das regiões autónomas, de interferir no destino a dar às receitas autárquicas, através, por exemplo, da imposição da consignação ou afectação destas a algumas despesas autárquicas ou da realização de determinadas despesas[35].

---

[34] V. os mesmos *infra*, ponto II.2.3

[35] V., a propósito, o Acórdão n.° 452/87 (*Acórdãos do Tribunal Constitucional*, vol. 10, p. 169 e ss.), em que o Tribunal Constitucional considerou não ser materialmente inconstitucional a norma que previa a afectação das receitas provenientes das taxas municipais de registo e

Finalmente, a autonomia financeira implica, a título de *autonomia orçamental e contabilística*, que as autarquias locais disponham de poder autónomo no domínio do planeamento financeiro e da contabilidade autárquica, ou seja, poder para elaborar, aprovar e alterar os orçamentos próprios e os planos de actividades e, bem assim, para elaborar e aprovar os respectivos balanços e contas[36].

Numa certa analítica dos vectores ou segmentos em que a autonomia financeira das autarquias locais se desdobra, aos quais não atribuímos, contudo, grande importância, podem referir-se distintos tipos de autonomia. Assim, tendo em conta a autonomia correspondente aos diversos tipos de receitas, podemos falar em autonomia tributária, da qual ainda se destaca a autonomia fiscal, e em autonomia creditícia[37]. Por seu lado, atendendo à autonomia referida à gestão financeira, são de mencionar a autonomia patrimonial, a autonomia orçamental e a autonomia de tesouraria.

Pois bem, todos estes vectores da autonomia financeira das autarquias locais hão-de ser concretizados por lei, de

---

licenciamento de cães às despesas inerentes à profilaxia da raiva, dado a regra da não consignação de receitas ser um princípio legal e não uma imposição constitucional. Essa norma foi, porém, declarada inconstitucional nesse Acórdão por vício de inconstitucionalidade orgânica.

[36] Como se dispõe expressamente nas alíneas *a)* e *b)* do art. 3.º da LFL, um preceito que contêm, em síntese, as principais manifestações que concretizam o princípio da autonomia financeira dos municípios e das freguesias".

[37] Isto não autonomizando, nesta sede, a obtenção das chamadas receitas patrimoniais, que integram a autonomia patrimonial. Receitas essas que não deixam de integrar as receitas autárquicas, muito embora, por via de regra, tenham carácter muito marginal e a sua obtenção e gestão sejam regidas pelo direito privado.

molde a que o regime das finanças locais tenha como objectivo "a justa repartição dos recursos públicos pelo Estado e pelas autarquias e a necessária correcção de desigualdades entre autarquias do mesmo grau", como prescreve o n.º 2 do art. 238.º da Constituição. Lei essa que é presentemente, como já referimos, a LFL/2007.

Vejamos, então, como a autonomia financeira está legalmente concretizada entre nós, analisando, para esse efeito, as receitas dos municípios e as receitas das freguesias, referindo-nos ao poderes de controlo do Governo sobre as finanças locais e interrogando-nos sobre o futuro da autonomia financeira local procurando encontrar o significado da instituição municipal ao longo da evolução do nosso Estado (moderno).

III

AS RECEITAS MUNICIPAIS

Pelo que às receitas municipais diz respeito, vamos referir-nos sucessivamente às receitas fiscais, às taxas e preços, às transferências do Estado e ao recurso ao crédito[38].

1. As receitas fiscais

Fala-se, a respeito das receitas fiscais dos municípios, de impostos municipais, uma expressão que, entendida no seu sentido amplo, abarca todos os impostos relativamente aos quais se verifique uma qualquer titularidade activa por parte dos municípios, concretize-se esta em:

1) *poder tributário*, isto é, poder de criar ou instituir impostos, estabelecendo a sua disciplina essencial (isto é, a disciplina dos chamados elementos essenciais dos impostos);

---

[38] Naturalmente que a estas acrescem ainda as receitas patrimoniais, resultantes da gestão do património municipal, as quais, pelos motivos adiantados na nota anterior, nos dispensamos de versar aqui.

36 *A Autonomia Financeira das Autarquias Locais*

2) *competência tributária* ou poder de administração ou gestão dos impostos, expresso nas competências de lançamento, liquidação e cobrança dos impostos;
3) *capacidade tributária activa*, traduzida na posição de credor da respectiva relação jurídico-tributária; ou
4) *titularidade da receita* dos impostos, em que se verifica uma verdadeira reserva da receita destes aos municípios.

Pois bem, os municípios portugueses, em matéria de impostos, dispõem basicamente de poderes que se inserem na primeira e na última das modalidades de poder tributário mencionadas[39].

No que ao poder tributário respeita, podemos dizer que os municípios têm gozado de uma parcela bastante pequena, não obstante, após a Revisão Constitucional de

---

[39] V. sobre estes poderes tributários, o nosso *Direito Fiscal*, 4.ª. ed., Almedina, Coimbra, 2006, p. 256 e ss. Refira-se que a actual LFL enumera, no seu art. 11.º, como poderes tributários das autarquias locais, aparentemente outras manifestações, mas, no fundo, todas elas se reconduzem a essas quatro. Assim, o *direito à informação* sobre a liquidação e cobrança dos impostos municipais e da derrama, bem como o *direito à compensação* pela concessão pelo Governo de benefícios fiscais relativos aos impostos municipais prendem-se com a garantia da titularidade da receita; a concessão de benefícios fiscais relativamente aos impostos de receita municipal, uma novidade da actual LFL é uma manifestação negativa do poder tributário. Por seu turno, as possibilidades de liquidação e cobrança e de cobrança coerciva dos impostos de receita municipal, que se inserem na competência tributária, dependem de diploma legal a editar, dentro dos limites do art. 13.º da LFL.

1997, a Constituição conter uma disposição expressa, o já reproduzido n.º 4 do art. 238.º, a permitir ao legislador a atribuição de poder tributário às autarquias locais. Um poder entretanto alargado pela LFL, o qual, presentemente, se concretiza em três manifestações: duas positivas e uma negativa.

Quanto às manifestações positivas do poder tributário ou *poder tributário positivo*, temos uma relativa a um imposto principal e uma relativa a um adicional. Quanto à primeira dessas manifestações, trata-se do poder de fixação da taxa, pelas assembleias municipais, do IMI relativo aos prédios urbanos, entre 0,4% e 0,8% ou entre 0,2% e 0,5%, consoante se trate de prédios urbanos não avaliados ou prédios urbanos avaliados nos termos do Código do IMI. Poder de fixação da taxa deste imposto sobre o património que incide, em sede dos prédios urbanos, sobre o valor patrimonial tributário dos prédios habitacionais, comerciais, industriais ou para o exercício de profissões liberais e dos terrenos para construção[40].

Relativamente à segunda dessas manifestações de poder tributário, reporta-se a mesma ao poder tributário traduzido no lançamento da chamada *derrama*. Nos termos do n.º 2 do art. 18.º da LFL/1998, a derrama apresentava--se como um adicional, cujo montante podia ir até 10% da colecta do IRC empresarial[41]. O que significava, atendendo

---

[40] Um valor que é presentemente um valor objectivo fixado nos termos do Código do IMI – v. o nosso *Direito Fiscal*, cit., p. 621 e ss.

[41] Ou seja, sobre a colecta do IRC correspondente à proporção do rendimento gerado na respectiva área municipal por sujeitos passivos residentes em território português que exerçam a título principal uma actividade de natureza comercial, industrial ou agrícola e não residentes com estabelecimento estável em território nacional.

38   A Autonomia Financeira das Autarquias Locais

à taxa de 25% do IRC, que a tributação das empresas sujeitas a IRC podia atingir os 27,5%.

Todavia, com a entrada em vigor da LFL/2007, o recorte da derrama foi alterado significativamente, já que, nos termos do n.º 1 do art. 14.º da nova LFL, passou a configurar-se como um adicionamento, e um adicionamento cuja taxa máxima não pode ir além de 1,5%. Pelo que a derrama, de um lado, deixou de incidir sobre a colecta, para passar a incidir sobre o lucro tributável do IRC empresarial. De outro lado, sendo a sua taxa máxima de 1,5%, isso significa que a mesma baixou dos anteriores 2,5%, a que correspondia o referido adicional de 10%. Ou seja, a tributação efectiva do rendimento das empresas societárias não pode agora ultrapassar os 26,5%.

Por seu lado, no respeitante ao *poder tributário negativo* dos municípios, isto é, o poder relativo aos *benefícios fiscais*, foi o mesmo consideravelmente modificado na LFL/2007. Pois, à face do disposto na LFL/1998, mais especificamente do n.º 4 do seu art. 4.º, as assembleias municipais podiam conceder benefícios fiscais relativamente aos impostos de receita municipal na medida em que os mesmos constituíssem contrapartida da fixação de projectos de investimentos de especial interesse para o desenvolvimento do município.

Um poder tributário que, em nossa opinião, os municípios podiam exercer sem necessidade de esperarem pela edição de uma lei que viesse regulamentar esse poder tributário municipal[42]. Até porque esse preceito legal atribuía aos municípios, relativamente aos impostos de receita

---

[42] Pois a referida norma legal, ao encerrar um conteúdo com suficiente precisão, apresentava-se como uma norma *self-executing*.

municipal, um poder que, a seu modo, não andava longe do poder tributário conferido ao Estado pelo art. 39.º do Estatuto dos Benefícios Fiscais.

Todavia, com a nova LFL, esse poder tributário foi significativamente modificado e ampliado, havendo, em correspondência, diversos preceitos dessa lei que se referem aos benefícios fiscais. Assim e de um lado, temos duas importantes manifestações do poder de concessão de benefícios fiscais, a saber: a constante da al. *c)* do n.º 1 do art. 6.º, que prescreve que a promoção da sustentabilidade local é assegurada, designadamente, pela concessão de isenções e benefícios fiscais relativamente a impostos de receita municipal a contribuintes que prossigam as suas actividades de acordo com padrões de qualidade ambiental e urbanística[43]; e a da al. *d)* do art. 11.º e dos n.ᵒˢ 2 e 3 do art. 12.º, nos termos dos quais a assembleia municipal pode, por proposta da respectiva câmara municipal, através de deliberação fundamentada, conceder isenções totais ou parciais relativamente a impostos e outros tributos próprios. De outro lado, temos os direitos consagrados no n.º 6 do art. 13.º, já que, segundo este preceito legal, os municípios dispõem dos direitos:

1) à *audição prévia* aquando da concessão pelo Estado de isenções fiscais subjectivas relativas a impostos de receita municipal;

---

[43] Como é fácil de ver, a LFL contrapõe isenções a benefícios fiscais, alinhando assim por um conceito muito estrito de benefícios fiscais, quando é certo que as isenções constituem a mais importante forma de benefícios fiscais, como dispõe o n.º 2 do art. 2.º do Estatuto dos Benefícios Fiscais – cf. o nosso livro *O Dever Fundamental de Pagar Impostos. Contributo para a Compreensão Constitucional do Estado Fiscal Contemporâneo*, cit., p. 632 e ss.

40   *A Autonomia Financeira das Autarquias Locais*

2) à *informação* respeitante à correspondente despesa fiscal envolvida; e
3) à *compensação* em caso de discordância expressa do município.

Um poder tributário negativo em relação ao qual não podemos deixar de assinalar e de sublinhar que se nos afigura excessivamente amplo. Mais, relativamente ao poder constante da al. *d)* do art. 11.º e dos n.ᵒˢ 2 e 3 do art. 12.º, nos termos dos quais a assembleia municipal pode, por proposta da respectiva câmara municipal, através de deliberação fundamentada, conceder isenções totais ou parciais relativamente a impostos e outros tributos próprios, interrogamo-nos mesmo se o mesmo respeita integralmente os parâmetros constitucionais. Em termos mais específicos, questionamo-nos se a latitude com que esse poder é deferido às assembleias municipais não briga, de algum modo, com os princípios constitucionais da legalidade e da igualdade fiscais.

Interrogações que não são minimamente postas em causa pelo facto de os benefícios fiscais a que esses preceitos legais se referem, em consonância de resto com o princípio do seu carácter transitório, antes previsto no n.º 1 do art. 14.º da Lei Geral Tributária (LGT) e agora no art. 2.º-B do Estatuto dos Benefícios Fiscais[44], não poderem ser concedidos por mais de cinco anos, sendo possível a

---

[44] Preceito aditado à LGT pelo art. 83.º da LOE/2007 (Lei n.º 53-A/2006, de 29 de Dezembro), nos termos do qual "as normas que consagram os benefícios fiscais constantes das partes II e III do presente Estatuto vigoram por um período de cinco anos, salvo quando disponham o contrário".

sua renovação por uma vez com igual limite temporal. Pois, não podemos esquecer que o carácter transitório dos benefícios fiscais constitui uma característica ou nota típica do próprio conceito de benefício fiscal visível de resto no conceito legal constante do n.º 1 do art. 2.º do referido Estatuto.

Mais significativo do que o poder tributário acabado de referir, é, apesar de tudo, o concretizado na *titularidade da receita*, ou seja, o respeitante a impostos de receita legalmente reservada aos municípios. Nesta situação temos alguns que têm de característico o serem sobretudo impostos que anteriormente eram estaduais e que, no actual sistema, foram convertidos em impostos municipais *hoc sensu*.

Assim, são receitas dos municípios o produto da cobrança dos impostos a que os municípios tenham direito, designadamente os seguintes:

1) o imposto municipal sobre imóveis (IMI);
2) o imposto municipal sobre a transmissão onerosa de imóveis (IMT);
3) a derrama municipal incidente, como vimos, sobre o lucro tributável de IRC das empresas. Deste modo, são três os impostos de receita municipal – o IMI, o IMT e a derrama.

Relativamente a estes impostos, é de assinalar que a sua administração ou gestão continua a caber à administração fiscal do Estado, que assim procede ao seu lançamento (identificação do contribuinte e determinação da matéria colectável do imposto), liquidação (aplicação da taxa à matéria colectável, apurando deste modo a chamada

42   *A Autonomia Financeira das Autarquias Locais*

colecta) e cobrança. Por quanto vimos de dizer, as relações jurídicas fiscais correspondentes aos impostos "municipais" de que estamos a falar, desenvolvem-se exclusivamente entre a administração fiscal estadual e os respectivos sujeitos passivos, sem qualquer possibilidade de intervenção da administração municipal. De facto, entre esta e a administração fiscal do Estado há apenas uma relação jurídica pública de crédito regulada pelo direito financeiro e situada a jusante das correspondentes relações jurídicas fiscais[45].

Uma receita fiscal importante dos municípios é a correspondente ao abolido Imposto Municipal sobre Veículos (IMV)[46], substituído na recente Reforma da Tributação Automóvel pelo Imposto Único de Circulação (IUC), que não é, todavia, apelidado de imposto municipal, muito embora a maior parte da sua receita seja da titularidade dos municípios. Pois, nos temos do art. 3.º da Lei n.º 22--A/2007, "é da titularidade do município da residência do sujeito passivo ou equiparado a receita gerada pelo IUC incidente sobre os veículos da categoria A, E, F e G, bem como 70% da componente relativa à cilindrada incidente sobre os veículos da categoria B, salvo se essa receita for

---

[45] Isto naturalmente enquanto os municípios não assumam, na medida em que o possam fazer, essa gestão ou administração, uma vez que, segundo o disposto nas alíneas *b)* e *c)* do art. 11.º da LFL, os municípios poderão assumir, nos termos a definir por diploma legal próprio, a liquidação e cobrança, inclusive coerciva, dos impostos e outros tributos de receita municipal.

[46] Um imposto criado em 1972 e "municipalizado" em 1978, que incide sobre o uso e fruição de veículos automóveis, motociclos, aeronaves e barcos de recreio, abolido em 1 de Janeiro de 2008, nos termos do art. 11.º, n.º 2, da Lei n.º 22-A/2007, de 29 de Junho.

incidente sobre veículos objecto de aluguer de longa duração ou de locação operacional, caso em que deve ser afectada ao município da residência do respectivo utilizador"[47].

De imposto com receita na titularidade dos municípios podemos falar também a respeito do chamado encargo de

---

[47] Quanto às diversas categorias de veículos, dispõe o art. 2.º do Código do IUC (aprovado pela Lei n.º 22-A/2007 e publicado em anexo à mesma): "O imposto único de circulação incide sobre os veículos das categorias seguintes, matriculados ou registados em Portugal:

a) Categoria A: Automóveis ligeiros de passageiros e automóveis ligeiros de utilização mista com peso bruto não superior a 2 500 kg matriculados desde 1981 até à data da entrada em vigor do presente código;

b) Categoria B: Automóveis de passageiros referidos nas alíneas *a)* e *d)* do n.º 1 do artigo 2.º do Código do Imposto sobre Veículos e automóveis ligeiros de utilização mista com peso bruto não superior a 2 500 kg, matriculados em data posterior à da entrada em vigor do presente código;

c) Categoria C: Automóveis de mercadorias e automóveis de utilização mista com peso bruto superior a 2 500 kg, afectos ao transporte particular de mercadorias, ao transporte por conta própria, ou ao aluguer sem condutor que possua essas finalidades;

d) Categoria D: Automóveis de mercadorias e automóveis de utilização mista com peso bruto superiora 2 500 kg, afectos ao transporte público de mercadorias, ao transporte por conta de outrem, ou ao aluguer sem condutor que possua essas finalidades;

e) Categoria E: Motociclos, ciclomotores, triciclos e quadriciclos, tal como estes veículos são definidos pelo Código da Estrada, matriculados desde 1987;

f) Categoria F: Embarcações de recreio de uso particular com potência motriz igual ou superior a 20 kW, registados desde 1986;

g) Categoria G: Aeronaves de uso particular".

44   *A Autonomia Financeira das Autarquias Locais*

mais-valias, um tributo ou contribuição especial incidente fundamentalmente sobre os prédios rústicos que, em virtude da "simples aprovação dos planos de urbanização" ou de "obras de urbanização", aumentem consideravelmente de valor, e cuja taxa é de 50% dessas mais-valias[48]. Trata-se, todavia, dum imposto cuja competência tributária, ao contrário do que se verifica nos outros impostos de que falámos, cabe por inteiro à administração municipal[49].

Igualmente de impostos municipais se trata, muito embora se apresentem sob outros nomes, no caso sob a designação de "rendas", certas receitas municipais que,

---

[48] Embora, segundo uma parte significativa da doutrina, esse encargo também possa incidir sobre prédios urbanos. V., sobre o problema e por todos, ALVES CORREIA, *O Plano Urbanístico e o Princípio da Igualdade,* Almedina, Coimbra, 1989, p. 566 e ss.

[49] Refira-se que a natureza de imposto desse encargo é sustentada pela generalidade da doutrina e jurisprudência, enquadradas na tradicional recusa de uma qualquer autonomia para a figura dos tributos ou contribuições especiais, ao contrário do que é corrente, por exemplo, em Espanha, Itália e Alemanha. Sobre uma tal figura, v., entre nós, J. M. CARDOSO DA COSTA, *Curso de Direito Fiscal,* 2.ª ed. Atlântida, Coimbra, 1972, p. 13 e ss.; ALBERTO XAVIER, *Manual de Direito Fiscal,* Lisboa, 1974, p. 57 e ss.; A. L. SOUSA FRANCO, *Finanças Públicas e Direito Financeiro,* vol. II, 4.ª ed., Almedina, Coimbra, 1992, p. 58 e ss., Por sua vez, relativamente aos países referenciados, v., respectivamente e por todos, A. ROVIRA I MOLA, «Classificaciones de los tributos: contribuciones especiales (Artículo 26)», in *Comentarios a la Ley General Tributaria y Lineas para su Reforma – Homenaje a Fernando Sainz de Bujanda,* vol. I, Instituto de Estudios Fiscales, Madrid, 1991, p. 409 e ss.; F. FICHERA, «I contributi speciali e le tasse», in A. AMATUCCI (Dir.), *Trattato di Diritto Tributario,* vol. IV, Padova, 1994, p. 295 e ss., e F. KIRCHHOF, *Grundriss des Abgabenrechts. Steuern. Gebühren. Beiträge. EG- und Sonderabgaben, C.* F. Müller, Heidelberg, 1991.

por se localizarem no domínio da distribuição de energia, incluindo a energia eólica, incompreensivelmente acabam por se penalizar fiscalmente actividades ou comportamentos amigos do ambiente. É o que ocorre, a nosso ver, com as chamadas «rendas» pagas aos municípios pelas empresas detentoras de licenças de exploração de parques eólicos, as quais não passam de verdadeiros impostos municipais sobre o consumo de energia, muito embora sejam pagas pelos produtores de energia eólica[50].

O que vale, a seu modo, também para as «rendas» pagas aos municípios pelas concessionárias das redes municipais de distribuição de electricidade. Um encargo que, ao onerar a actividade de distribuição em baixa tensão da energia eléctrica e ao ter por base o volume de vendas dessa energia, se afigura como um imposto sobre o consumo da energia eléctrica. Se bem que, como os municípios isentam essas empresas concessionárias da taxa pela ocupação do domínio público municipal afecto às linhas de distribuição de electricidade, aquele encargo pode considerar-se, a seu modo, uma contraprestação substitutiva daquela taxa, configurando-se assim como uma taxa pela ocupação do domínio público municipal, muito embora baseada no volume da energia fornecida aos consumidores[51].

---

[50] V. no respeitante às «rendas» por licenças de exploração de parques eólicos, o ponto 27 do Anexo II ao Decreto-Lei n.º 33-A/ /2005, de 16 e Fevereiro.

[51] V. no referente às «rendas» pela concessão da distribuição de electricidade, o art. 6.º, n.º 2, do Decreto-Lei n.º 344-B/82, de 1 de Setembro, na redacção do Decreto-Lei n.º 17/92, de 5 de Fevereiro, a Portaria n.º 437/2001, de 28 de Abril, bem como o art. 44.º do Decreto-Lei n.º 172/2006, de 23 de Agosto. Cf. o nosso estudo

A seu modo, de receita fiscal na titularidade dos municípios podemos ainda falar relativamente às receitas das contribuições especiais, criadas na década de noventa do século passado para tributar a valorização dos imóveis decorrente das obras de construção da nova ponte sobre o Tejo e das circulares regionais externa e interna de Lisboa e do Porto. Com efeito, os diplomas que aprovaram os regulamentos destas contribuições especiais consignam aos municípios das áreas, em que as mesmas forem cobradas, 30% das receitas que proporcionam[52].

2. As taxas e os preços

Mas ao lado das receitas dos impostos os municípios dispõem de outras receitas tributárias, entre as quais se contam, pela sua importância, as taxas e os preços. A este propósito é de referir que, enquanto a LFL/1998 falava de "taxas" (art. 19.°) e de "tarifas e preços" (art. 20.°), a actual LFL fala em "taxas dos municípios" (art. 15.°) e em "preços" (art. 16.°).

«Política fiscal, desenvolvimento sustentável e luta contra a pobreza», conferência no Fórum Parlamentar *Políticas Fiscais, Desenvolvimento Sustentável e Luta contra a Pobreza*, promovido pela Assembleia Nacional de Cabo Verde e Fundação Friedrich Ebert a 12 e 13 de Abril de 2007, em vias de publicação nas correspondentes *Actas* e na revista *Ciência e Técnica Fiscal*.

[52] Cf. o art. 4.°, n.° 2, do Decreto-Lei n.° 51/95, de 20 de Março, e o art. 4.°, n.° 2, do Decreto-Lei n.° 43/98, de 3 de Março. Sobre a inconstitucionalidade de uma dessas contribuições, v. o recente Ac. do Tribunal Constitucional 63/2006, por nós anotado nos *Cadernos de Justiça Administrativa*, n.° 59, Setembro/Outubro de 2006, p. 12 e ss.

Quanto às *taxas*, é de começar por recordar que, segundo o art. 4.º, n.º 2, da LGT, bem como agora do art. 3.º do RGTAL, elas podem ter por pressuposto de facto:

1) a prestação concreta de um serviço público;
2) a utilização de um bem do domínio público; ou
3) a remoção de um obstáculo jurídico ao comportamento dos particulares.

Muito embora devamos acrescentar que o pressuposto de facto deste terceiro tipo de taxas (geralmente designadas por *licenças*, embora estas sejam, em rigor, os actos administrativos de remoção e não as taxas) se reconduza ao da prestação de um serviço público, já que a remoção de um obstáculo jurídico ao comportamento dos particulares não deixa de, a seu modo, se configurar como um serviço público. Daí que, por exemplo, em Espanha a *Ley General Tributaria* não faça qualquer referência à remoção de um obstáculo jurídico ao comportamento dos particulares como pressuposto de facto autónomo de taxas[53].

Diversamente da lei anterior que continha toda uma um lista exaustiva das situações em que os municípios podiam cobrar taxas, a LFL actual limita-se a remeter, no seu art. 15.º, para o RGTAL, dispondo que "os municípios podem criar taxas nos termos do regime geral das taxas das autarquias locais" (n.º 1), acrescentando que "a criação de taxas pelos municípios está subordinada aos prin-

---

[53] Cf. o art. 2.º, n.º 2, al. *a*), da *Ley General Tributaria*. Embora desse tipo de taxas se aproximem as taxas devidas por actividades que causem incómodos ou ocasionem riscos relativamente permitidos, que alguma doutrina tende a autonomizar – v., por todos, JUAN M. ORTEGA MALDONADO, *Tasas sobre Moléstias e Riesgos Permitidos*, Investigacíon Jurídica n.º 1/05, Instituto de Estúdios Fiscales, Madrid, 2005.

48   *A Autonomia Financeira das Autarquias Locais*

cípios da equivalência jurídica, da justa repartição dos encargos públicos e da publicidade, incidindo sobre utilidades prestadas aos particulares, geradas pela actividade dos municípios ou resultantes da realização de investimentos municipais" (n.º 2).

Olhando para as taxas que os municípios podem criar, dispõem as mesmas, nos termos dos n.ᵒˢ 1 e 2 do art. 6.º do RGTAL, de uma ampla incidência objectiva, seja no respeitante às taxas em geral, seja no concernente às taxas com intuitos ambientais, estando estas, como já referimos, ao serviço do princípio da promoção da sustentabilidade local.

Pois, segundo o n.º 1 desse artigo, "as taxas municipais incidem sobre actividades prestadas aos particulares ou geradas pela actividade dos municípios, designadamente:

    a) pela realização, manutenção e reforço de infra-estruturas urbanísticas primárias e secundárias[54];

    b) pela concessão de licenças, prática de actos administrativos e satisfação administrativa de outras pretensões de carácter particular;

---

[54] Quanto às taxas por infra-estruturas urbanísticas, é de referir que, não obstante o nome que ostentam, têm sido objecto de discussão, encontrando-se tanto a doutrina como a jurisprudência dividida a tal respeito. Com efeito, enquanto alguns autores como Freitas do Amaral, Osvaldo Gomes, Diogo Leite de Campos, Afonso Marcos e Nuno Sá Gomes e, bem assim, a jurisprudência do Supremo Tribunal Administrativo (STA), se vêm pronunciando pela sua natureza de imposto, outros autores como E. Paz Ferreira e Aníbal Almeida e, bem assim, a jurisprudência do Tribunal Constitucional vêm-se pronunciando pela sua natureza de taxa – cf. D. Freitas do Amaral, *Direito do Urbanismo – Sumários*, Lisboa, 1993, p. 119; Osvaldo Gomes, «Direito do urbanismo», in *Direito das Empresas*, INA, 1990,

As Receitas Municipais 49

c) pela utilização e aproveitamento de bens do domínio público e privado municipal;

d) pela gestão do tráfego e de áreas de estacionamento;

e) pela gestão de equipamentos públicos de utilização colectiva;

f) pela prestação de serviços no domínio da prevenção de riscos e da protecção civil;

g) pelas actividades de promoção de finalidades sociais e de qualificação urbanística, territorial e ambiental;

h) pelas actividades de promoção do desenvolvimento e competitividade local e regional.

A que acresce o disposto no referido n.º 2, segundo o qual "as taxas municipais podem também incidir sobre a realização de actividades dos particulares geradoras de impacto ambiental negativo". Trata-se da possibilidade de os municípios criarem taxas ambientais, concretizando, através desta via, o bem conhecido princípio de direito ambiental designado por princípio do "poluidor pagador"[55].

---

p. 201 e ss.; D. Leite de Campos, «Fiscalidade do urbanismo», in *Direito do Urbanismo*, INA, 1989, p. 460; Afonso Marcos, «As taxas municipais e o princípio da legalidade fiscal», *Fisco*, n.º 74/75, Jan.-Fev. de 1996, p. 22 e ss.; N. Sá Gomes, «Alguns aspectos jurídicos e económicos controversos da sobretributação imobiliária no sistema fiscal português», *Ciência e Técnica Fiscal*, 386, Abril-Junho de 1997, p. 65 e ss. (98 e ss.); E. Paz Ferreira, «Ainda a propósito da distinção entre impostos e taxas: o caso da taxa pela realização de infra-estruturas urbanísticas», *Ciência e Técnica Fiscal*, 380, Outubro-Dezembro de 1995, p. 57 e ss., e Aníbal Almeida, *Estudos de Direito Tributário*, Coimbra Editora, Coimbra, 1996, p. 35 e ss.

[55] Uma concretização que, *prima facie*, se apresenta como uma solução de grande alcance. Todavia, é preciso ter em conta as enormes

50 A Autonomia Financeira das Autarquias Locais

A este respeito, é de sublinhar que, em todas as situações de incidência das taxas, estas só constituirão verdadeiras taxas se, para além de se configurarem como tributos bilaterais, baseados portanto numa relação do tipo *do ut des* ou sinalagmática, tiverem por critério a ideia de proporcionalidade entre a prestação pública e a contraprestação em que se consubstancia a taxa. Ou seja, se tiverem por base o princípio da equivalência (*Äquivalenzprinzip*) entre prestação e contraprestação. Traduza-se essa equivalência num específico benefício para o contribuinte a aferir pelo princípio da compensação pelo benefício (*Vorteilsausgleich*), ou na provocação de um específico custo deste à correspondente comunidade, a aferir pelo princípio da cobertura dos custos (*Kostendeckungsprinzip*)[56].

Uma equivalência que, deve ser sublinhado, não tem que ser uma *equivalência económica*, como se impõe e está legalmente estabelecido relativamente aos preços, mas uma *equivalência jurídica*, como consta da lei, dispondo o art. 15.º, n.º 2, da LFL que "a criação das taxas pelos municípios está subordinada ao princípio da equivalência jurídica...". Muito embora, no que aparentemente parece uma certa contradição, segundo o art. 4.º do RGTAL[57]. "o valor das taxas das autarquias locais deve

---

dificuldades que a prossecução de objectivos ambientais, pela via de tributos bilaterais ou taxas, enfrenta. É que nem sempre á fácil saber quem polui ou quanto polui – cf. o nosso estudo «Direito fiscal e tutela do ambiente em Portugal», no nosso livro *Por um Estado Fiscal Suportável – Estudos de Direito Fiscal*, cit., p. 346 e s.

[56] Para maiores desenvolvimentos, v. o nosso estudo «O regime das finanças locais em Portugal», *ob. cit.*, p. 582 e ss.

[57] Embora este artigo tenha por epígrafe justamente: "princípio da equivalência jurídica".

As Receitas Municipais

ser fixado de acordo com princípio da proporcionalidade e não deve ultrapassar o custo da actividade pública local ou o benefício auferido pelo particular" (n.º 1), sendo certo que "o valor das taxas, respeitando a necessária proporcionalidade, pode ser fixado com base em critérios de desincentivo à prática de certos actos ou operações" (n.º 2), podendo assim configurarem-se, em alguma medida, como taxas moderadoras de actos ou operações que, embora provoquem incómodos ou riscos, são permitidos até certos limites ou dentro de certas condições.

Muito importante neste domínio, justamente porque vai no sentido de pôr termo a uma prática relativamente frequente de criação de taxas municipais[58], com valores completamente arbitrários, são os princípios consagrados nos arts. 8.º e 9.º do RGTAL relativos à criação e alteração (que não seja mera actualização de acordo com a taxa de inflação) das taxas municipais. De um lado, essa competência cabe à assembleia municipal que a deve exercer aprovando ou alteando o correspondente regulamento. De outro lado, consagra-se o princípio da *justificação económico-financeira do quantitativo da taxa*s, segundo o qual o regulamento que cria ou altera as taxas deve conter a fundamentação económico-financeira relativa ao valor das

---

[58] Uma prática que não é exclusiva dos municípios, embora estes, como dispõem de escasso poder para criar impostos, mais facilmente venham caindo na tentação de "caçar com gato", criando tributos que, apesar de os designarem por taxas, configuram verdadeiros impostos. No mesmo sentido v. SUZANA TAVARES DA SILVA, «O regime geral das taxas das autarquias locais: da inconstitucionalidade por omissão à inconstitucionalidade por acção», em vias de publicação na revista *Fiscalidade*.

52   *A Autonomia Financeira das Autarquias Locais*

mesmas, designadamente os custos directos e indirectos, os encargos financeiros, amortizações e futuros investimentos realizados ou a realizar pelo município. Um princípio cuja observância, ao exigir aos municípios que concretizem e revelem as contas que sustentam o quantitativo das taxas, muito contribuirá para o respeito da proporcionalidade de tais tributos[59].

Por seu turno, no respeitante aos *preços*, é de sublinhar que, diversamente da LFL/1998 que utilizava a expressão "tarifas e preços", a actual LFL fala, no seu art. 16.º, em "preços e demais instrumentos de remuneração", referindo, todavia, que os preços a cobrar pelos serviços prestados e pelos fornecimentos realizados o sejam nos termos do "regulamento tarifário" em vigor.

Como se estabelecia na lei anterior, também a LFL/ /2007 prescreve que "os preços e demais instrumentos de remuneração a fixar pelos municípios relativos aos serviços prestados e aos bens fornecidos em gestão directa pelas unidades orgânicas municipais ou pelos serviços municipalizados não devem ser inferiores aos custos directa e indirectamente suportados com a prestação desses serviços e com o fornecimento desses bens".

Quanto aos serviços a prestar e aos fornecimentos a realizar, a que se reportam os preços, dispõe o n.º 3 desse art. 16.º que "os preços e demais instrumentos de remuneração a cobrar pelos municípios respeitam, designada-

---

[59] Uma justificação desde há muito consolidada em Espanha, estando a mesma consagrada tanto na *Ley de Tasas y Precios Públicos* como na *Ley Reguladora de Haciendas Locales*.

mente, às actividades de exploração de sistemas municipais ou intermunicipais de:

a) abastecimento público de água;
b) saneamento de águas residuais;
c) gestão de resíduos sólidos;
d) transportes colectivos de pessoas e mercadorias;
e) distribuição de energia eléctrica em baixa tensão".

No respeitante aos poderes tributários em sede de taxas e de preços e demais instrumentos de remuneração dos municípios, podemos dizer que, relativamente às taxas municipais, cabem aos municípios todos os poderes tributários, isto é, o poder tributário (*stricto sensu*), a competência tributária, a capacidade tributária activa, e a titularidade da respectiva receita.

Em primeiro lugar, cabe aos municípios criar taxas e estabelecer a sua disciplina jurídica. Quanto ao poder de instituição ou criação de taxas, é referir que os municípios podem criar outras taxas para além das constantes dos já referidos n.ᵒˢ 1 e 2 do art. 6.º do RGTAL, pois a lista que estes preceitos contêm não tem a pretensão de constituir uma lista fechada, um *numerus clausus*. Uma ideia que decorre claramente do corpo daquele n.º 1, em que se dispõe: "as taxas municipais incidem sobre actividades prestadas aos particulares ou geradas pela actividade dos municípios, designadamente:…"

Por seu turno, relativamente à disciplina jurídica das taxas, é de assinalar que a mesma cabe, na sua quase totalidade, aos órgãos dos municípios, conquanto que a lei, naturalmente sem pôr em causa a autonomia municipal, não disponha em contrário. Efectivamente, neste domínio, diversamente do que ocorre em sede dos impostos, não vigora um tão exigente princípio da legalidade, pois a Constituição (art. 165.°, n.° 1, al. *i)*) reserva ao Parlamento somente "o regime geral das taxas e demais contribuições financeiras a favor das entidades públicas". Uma imposição constitucional ao legislador que este acabou de cumprir parcialmente no respeitante às taxas das autarquias locais através da edição do RGTAL. O que, todavia, não obsta a que o não cumprimento dessa imposição relativamente ao regime geral das restantes taxas e demais contribuições financeiras a favor de entidades públicas continue a configurar uma inconstitucionalidade por omissão, à qual há que pôr termo[60].

Uma consequência que, muito embora possa ser atenuada, não é, de modo algum, eliminada pelo facto de o RGTAL, na parte em que concretiza o *regime geral comum das taxas*, no qual se incluem seguramente princípios como os princípios da proporcionalidade, da equivalência jurídica, da justificação económico-financeira do valor, etc., se deva aplicar também às restantes taxas e demais contribuições financeiras a favor de entidades públicas. É que, para além das dificuldades que a aplicação, mesmo limitada, do RGTAL a esses outros tributos não deixará de levantar, há toda uma série de aspectos que não podem deixar de ser objecto de um adequado tratamento próprio nesse outro ou outros regimes gerais de taxas.

Mas, voltando aos poderes tributários dos municípios no domínio das taxas, certamente que cabem também a essas autarquias locais a competência tributária, a capaci-

---

[60] V., neste sentido, também GOMES CANOTILHO / VITAL MOREIRA, *Constituição da República Portuguesa Anotada*, 4.ª ed., Vol. I – *Artigos a 1.º a 107.º*, Coimbra Editora, Coimbra, 2007, anot. XV ao artigo 103.º.

dade tributária activa e a titularidade da correspondente receita. Nestes termos, cabe à administração municipal gerir e arrecadar – lançando, liquidando e cobrando – as taxas municipais, estabelecendo-se, por conseguinte, entre o município, como sujeito activo, e os contribuintes, como sujeitos passivos, as correspondentes relações tributárias.

Assim como lhe cabe a titularidade das receitas proporcionadas pelas taxas. Uma titularidade que está inclusivamente estabelecida na Constituição, ao prescrever no n.º 3 do seu art. 238.º que "as receitas próprias das autarquias locais incluem obrigatoriamente as provenientes da gestão do seu património e as cobradas pela utilização dos seus serviços". Isto é, as taxas municipais, conquanto se reportem à gestão do património municipal ou a serviços prestados pelos municípios, constituem receitas constitucionalmente próprias dos municípios.

E o que vimos de dizer para as taxas vale para os preços e demais instrumentos de remuneração dos municípios, cabendo a estes todos os poderes que referimos. Muito embora haja que ter em conta algumas especificidades, entre as quais avulta a constante do n.º 6 do art. 16.º da LFL, relativa aos poderes das entidades reguladoras dos sectores de abastecimento público de água, de saneamento de águas residuais e de gestão de resíduos sólidos.

Pois, tratando-se da prestação de serviços e do fornecimento de bens cujos preços hão-de ser estabelecidos em termos idênticos aos que são próprios do regime de mercado, compreende-se que caiba às entidades reguladoras desses sectores verificar o cumprimento das exigências legais que mais se prendem com esse aspecto ligado ao regular funcionamento do correspondente mercado. Daí que, segundo aquele preceito, as entidades reguladoras dos sectores de abastecimento público de água, de saneamento de águas residuais e de gestão de resíduos sólidos devam proceder à verificação do disposto nos n.os 1, 4 e 5 desse artigo 16.º, bem como à informação da assembleia municipal e da entidade competente da tutela inspectiva, caso ocorra violação de algum desses preceitos.

3. As transferências do Estado

Não obstante a importância dos impostos de receita municipal e das diversas taxas e preços municipais, a maioria das receitas municipais continuam a ser constituídas por transferências do Orçamento do Estado. Não transferências mais ou menos arbitrárias, como foi o sistema que acabou por vigorar durante o Estado Novo, mas transferências legais e estritamente vinculadas, como têm sido as previstas nas sucessivas leis de finanças locais desde a LFL/1979.

A actual LFL contém, de resto, uma configuração significativamente diversa da que constava da LFL/1998[61], dividindo essas transferências em três tipos: 1) o Fundo de Equilíbrio Financeiro (FEF), cujo valor é igual a 25,3% da média aritmética simples da receita proveniente dos IRS, IRC e IVA, e é repartido 50% como Fundo Geral Municipal (FGM) e 50% como Fundo de Coesão Municipal (FCM); 2) o Fundo Social Municipal (FSM); e 3) participação de 5% no IRS.

Uma primeira nota a este respeito, é para sublinhar que duas diferenças importantes separam esta última transfe-

---

[61] Configuração que, devemos assinalar, tem vindo a tornar-se mais complexa nas sucessivas LFL's.

rência das demais. Com efeito, enquanto o FEF e o FSM constituem transferências cuja decisão cabe ao Estado, isto é, à Assembleia da República, segundo critério fixados na própria LFL, a participação municipal no IRS é decidida pelo respectivo município e pode variar entre 1 e 5%, sendo certo que, na parte em que município renuncie à mesma, constitui benefício dos contribuintes, efectivando-se este benefício através de uma dedução à respectiva colecta[62].

Uma palavra muito rápida sobre cada um desses tipos de transferências. Assim relativamente ao FEF, este reparte-se em partes iguais pelo FGM e pelo FCM. O FGM, cuja disciplina consta basicamente dos arts. 22.º e 26.º da LFL, visa dotar os municípios de condições financeiras adequadas ao desempenho das suas atribuições, em função dos respectivos níveis de funcionamento e investimento. Uma ideia que mais não é do que uma expressão ou uma concretização do princípio da coerência, o princípio base de toda a LFL, a que já aludimos[63].

A sua distribuição pelos municípios obedece aos seguintes critérios:

1) 5% igualmente por todos os municípios;
2) 65% na razão directa da população ponderada, segundo ponderadores marginais constantes do n.º 2 do referido art. 26.º, e da média de dormidas em estabelecimentos hoteleiros e parques de campismo;

---

[62] Embora, nos termos do art. 59.º da LFL/2007, essa renúncia apenas se possa verificar a partir do ano de 2009, já que a mesma não pode ser decidida relativamente aos anos de 2007 e 2008.

[63] Cf. o que dissemos *supra*, ponto II.1.

58 *A Autonomia Financeira das Autarquias Locais*

3) 25% na razão directa da área ponderada por um factor de amplitude altimétrica do município e 5% na razão directa da área afectada pela Rede Natura 2000 e de área protegida; ou

4) 20% na razão directa da área ponderada por um factor de amplitude altimétrica do município e 10% na razão directa da área afectada pela Rede Natura 2000 e de área protegida, nos municípios com mais de 70% do seu território afecto à Rede Natura 2000 e de área protegida.

Por seu lado, o FCM, cuja disciplina consta fundamentalmente dos arts. 23.º e 27.º da LFL, visa reforçar a coesão municipal, fomentando a correcção de assimetrias, em benefício dos municípios menos desenvolvidos, onde existam situações de desigualdade relativamente às correspondentes médias nacionais, e corresponde à soma da compensação fiscal (CF) e da compensação da desigualdade de oportunidades (CDO) baseada no índice de desigualdade de oportunidades (IDO).

Atendendo à complexidade da determinação da CF e da CDO, que constam do extenso e complexo art. 27.º, limitamo-nos aqui a referir que a CF de cada município é diferente consoante esteja acima ou abaixo de 1,25 vezes a capitação média nacional (CMN) da soma das colectas dos impostos municipais IMI, IMT e IMV[64] e da participação municipal no IRS.

No respeitante ao FSM, que foi uma criação da actual LFL, é de assinalar que o mesmo visa mais o futuro do

---

[64] Que, nos termos do n.º 4 do art. 11.º da Lei n.º 22-A/2007, deve entender a parcela do IUC da titularidade dos municípios.

que o presente, uma vez que, segundo o disposto no art. 24.º dessa Lei, constitui uma transferência do Orçamento do Estado consignada ao financiamento de despesas determinadas, relativas a atribuições e competências dos municípios associados a funções sociais, nomeadamente nos domínios da educação, da saúde e da acção social. Pelo que o FSM se apresenta como um claro instrumento de transferência de competências da esfera estadual para a esfera municipal, concretizando uma descentralização dinâmica através da consignação de receitas ao financiamento de despesas elegíveis nos domínios da educação, da saúde e da acção social.

Finalmente, algumas palavras sobre a participação municipal no IRS. Igualmente uma novidade da LFL/2007, esta transferência para os municípios foi objecto de acesa polémica jurídica aquando da discussão e aprovação da lei das finanças locais na Assembleia da República. Polémica que se centrou fundamentalmente à volta da faculdade de renúncia por parte dos municípios à totalidade ou a parte dessa participação, e que esteve na base das dúvidas que levaram ao pedido de controlo preventivo da constitucionalidade solicitado pelo Presidente da República. Dúvidas que o Tribunal Constitucional, todavia, dissipou no seu Ac. 711/2006, ao pronunciar-se pela não inconstitucionalidade das normas que se reportam a esse aspecto da participação municipal no IRS.

Esclareça-se, a propósito, que os municípios não estão obrigados a renunciar, no todo ou em parte, a essa participação de 5% no IRS. Trata-se tão-só de uma faculdade, podendo, por conseguinte, deliberar recebê-la na totalidade. Mais, a nosso ver, os municípios não estão impedidos de receber a totalidade dessa participação e, depois, caso tenham

60 *A Autonomia Financeira das Autarquias Locais*

disponibilidade financeira, distribuir essa receita em moldes diversos dos que resultariam da referida renúncia, conquanto o façam em estrita observância da disciplina legal concernente à realização das despesas. No fundo, em vez de uma despesa passiva, teríamos uma despesa activa.

O que os municípios não podem, caso renunciem no todo ou em parte a essa participação, é decidir quais são os beneficiários e a medida do benefício de cada um. Pois, em caso de renúncia, os beneficiários e a medida do benefício de cada um resultam directamente da lei. Mais especificamente da al. *c)* do n.º 1 do art. 19.º e dos n.ºˢ 1 e 4 do art. 20.º da LFL, em que se prescreve que o benefício reverte a favor dos sujeitos passivos de IRS com domicílio fiscal na respectiva circunscrição territorial, sendo o mesmo concretizado através de uma dedução à colecta referente aos rendimentos do ano imediatamente anterior ao da renúncia, dedução essa que acresce às deduções à colecta previstas no n.º 1 do art. 78.º do Código do IRS.

A respeito das transferências do Estado, é de assinalar que cabe ao Parlamento – à Assembleia da República – fixar em cada ano, inscrevendo-as para o efeito no correspondente Orçamento de Estado, o montante global de cada um dos três fundos mencionados. Mas a Assembleia da República não determina apenas os montantes globais esses fundos. Ela fixa também as verbas destes Fundos a distribuir por cada município (incluindo os municípios das regiões autónomas dos Açores e da Madeira[65]), distribuição esta constante, de resto, do Mapa XIX do Orçamento.

---

[65] Um entendimento de resto afirmado muito claramente pelo Tribunal Constitucional, no seu Acórdão n.º 82/86 (*Acórdãos do Tribunal Constitucional*, vol. 7, p. 127 e ss.), em que declarou a

É de sublinhar que as transferências do Estado, como muito claramente o veio dizer o Tribunal Constitucional, no seu Acórdão n.º 358/92[66], tendo então em conta a LFL/ /1984, se apresentam como um elemento constitutivo da autonomia financeira das autarquias locais, que dá cumprimento às imposições constitucionais da "justa repartição dos recursos públicos pelo Estado e pelas autarquias locais" e da "necessária correcção de desigualdades entre autarquias do mesmo grau" (art. 238.º, n.º 2, da Constituição). Pelo que as fórmulas que presidem à determinação dos FGM e FCM não podem ser alteradas em termos que reduzam essas transferências a um montante que comprometa o núcleo essencial da autonomia local, muito embora essas imposições constitucionais não imponham a fixação dum "concreto montante" para cada fundo que seja garantido para cada ano económico[67].

Ainda a respeito das transferências é assinalar que, até gora, estivemos a falar de transferência ordinárias. Impõe-se, todavia, aludir às transferências extraordinárias, os quais, como é óbvio, não podem deixar de ter carácter muito excepcional.

---

inconstitucionalidade, com força obrigatória geral, de três preceitos da LFL/1984 (constante do Decreto-Lei n 90/84, de 29 de Março), por violação da reserva de lei geral da República do "regime das finanças locais" imposta pelo n.º 2 do (agora) art. 238.º da Constituição, na medida em que mandavam atribuir uma verba global do FEF a cada uma das regiões autónomas, a ser distribuída pelos municípios pela respectiva assembleia regional.

[66] Publicado em *Acórdãos do Tribunal Constitucional*, vol. 23, p. 109 e ss.

[67] V. também A. CÂNDIDO DE OLIVEIRA, *Direito das Autarquias Locais*, Coimbra Editora, Coimbra, 1993, p. 326 e ss. (328 e s.).

Pois bem, quanto às transferências extraordinárias, isto é, aos subsídios e comparticipações financeiras, a actual LFL, à semelhança do que já dispunham as anteriores, prescreve no n.º 1 do seu art. 8.º, que "não são permitidas quaisquer formas de subsídios ou comparticipações financeiras aos municípios e freguesias por parte do Estado, dos institutos públicos ou dos fundos autónomos". Um princípio que comporta apenas alguma atenuação nos termos do disposto n.ᵒˢ 2 e 3 desse normativo.

No primeiro dos preceitos, prevê-se que pode, excepcionalmente, ser inscrita na Lei do Orçamento do Estado uma dotação global afecta aos diversos ministérios, para o financiamento de projectos de interesse nacional a desenvolver pelas autarquias locais, de grande relevância para o desenvolvimento regional e local, correspondentes a políticas identificadas como prioritárias naquela lei de acordo com os princípios da igualdade, imparcialidade e justiça.

Por seu lado, no segundo dos preceitos prescreve-se que o Governo e os Governos Regionais podem ainda tomar providências orçamentais necessárias à concessão de auxílios financeiros às autarquias locais nas seguintes situações:

a) calamidade pública;
b) municípios negativamente afectados por investimentos da responsabilidade da administração central;
c) circunstâncias graves que afectem drasticamente a operacionalidade das infra-estruturas e dos serviços municipais de protecção civil;
d) reconversão de áreas urbanas de génese ilegal ou programas de reabilitação urbana quando o seu peso relativo transcenda a capacidade e responsabilidade autárquica nos termos da lei.

4. O recurso ao crédito

Também o recurso ao crédito proporciona receitas, e receitas importantes, aos municípios. Aliás, a nosso ver, foi neste domínio que maiores constrangimentos à acção dos municípios acabaram por ser introduzidos com a LFL/ /2007. O que não admira, pois a luta sem tréguas contra o descontrolo das nossas contas públicas, em que o país está empenhado, até por força de compromissos a nível comunitário e internacional, não pode dispensar a mobilização e o esforço de todas as estruturas do poder público, sejam do Estado, das regiões autónomas ou das autarquias locais. Num tal quadro, não admira as exigências estritas que foram estabelecidas no respeitante ao endividamento das autarquias locais, com particular destaque para o endividamento municipal.

Relativamente a este, estabelece a LFL, no seu art. 36.º, o conceito de *endividamento líquido municipal*, dispondo no seu n.º 1, que "o montante de endividamento líquido municipal, compatível com o conceito de necessidade de financiamento do Sistema Europeu de Contas Nacionais e Regionais (SEC95), é equivalente à diferença entre a soma dos passivos, qualquer que seja a sua forma, incluindo nomeadamente os empréstimos contraídos, os contratos de locação financeira e as dívidas a fornecedores, e a soma dos activos, nomeadamente o saldo de caixa, os depósitos em instituições financeiras, as aplicações de tesouraria e os créditos sobre terceiros".

Acrescentando no seu n.º 2 que, para efeitos de cálculo do limite de endividamento líquido e do limite de empréstimos contraídos, o conceito de endividamento líquido total de cada município inclui o endividamento líquido e os empréstimos das associações de municípios na proporção da participação do município no capital social, bem como o endividamento líquido e os empréstimos das entidades que integram o sector empresarial local na proporção da participação do município no capital social.

No respeitante ao *limite de endividamento líquido municipal*, dispõe o art. 37.º que o montante do endividamento líquido total de cada município, em 31 de Dezembro de cada ano, não pode exceder 125% do montante das receitas provenientes dos impostos municipais, das participações do município no FEF, da participação no IRS, da derrama e da participação nos resultados das entidades do sector empresarial local, relativas ao ano anterior.

Por seu lado, segundo o art. 38.º, os municípios podem contrair empréstimos e utilizar aberturas de crédito junto de quaisquer instituições autorizadas por lei a conceder crédito, bem como emitir obrigações e celebrar contratos de locação financeira, nos termos da lei. Os empréstimos e a utilização de aberturas de crédito, que são designados empréstimos, são obrigatoriamente denominados em euros e podem ser a curto prazo, como maturidade até 1 ano, a médio prazo, com maturidade entre 1 e 10 anos, e de longo prazo, com maturidade superior a 10 anos. Acrescente-se que os empréstimos a curto prazo são contraídos apenas para ocorrer a dificuldades de tesouraria, devendo ser amortizados no prazo de um ano após a sua contracção.

Em contrapartida, nos termos dos n.os 10, 11, 12 do referido art. 38.º, está vedado aos municípios:

1) quer o aceite quer o saque de letras de câmbio, a concessão de avales cambiários, a subscrição de livranças, a concessão de garantias pessoais e reais, salvo nos casos expressamente previstos na lei;

2) a concessão de empréstimos a entidades públicas ou privadas, salvo nos casos expressamente permitidos por lei;
3) a celebração de contratos com entidades financeiras com a finalidade de consolidar dívida de curto prazo ou ceder créditos não vencidos.

Em sede do limite geral dos empréstimos dos municípios, dispõem, por seu turno, os diversos números do art. 39.º. Assim, o montante dos contratos de empréstimos a curto prazo e de aberturas de crédito não pode exceder, em qualquer momento do ano, 10% da soma do montante das receitas provenientes dos impostos municipais, das participações do município no FEF, da participação no IRS, da derrama e da participação nos resultados das entidades do sector empresarial local, relativas ao ano anterior.

Por seu lado, o montante da dívida de cada município referente a empréstimos a médio e longo prazo não pode exceder, em 31 de Dezembro de cada ano, a soma do montante das receitas provenientes dos impostos municipais, das participações do município no FEF, da participação no IRS, da derrama e da participação nos resultados das entidades do sector empresarial local, relativas ao ano anterior.

IV
AS RECEITAS DAS FREGUESIAS

Contrariamente ao que acontece com os municípios, as freguesias, em consonância aliás com as suas fracas atribuições e competências, dispõem de autonomia financeira bem menor do que a autonomia financeira dos municípios. O que, naturalmente, se reflecte também no domínio das receitas.

Muito embora, a este respeito seja de começar por referir que a actual LFL também trouxe novidades nesta sede, pois veio estabelecer como receita destas autarquias locais 50% do IMI sobre prédios rústicos cobrado na respectiva circunscrição territorial. Pelo que o IMI sobre prédios rústicos deixou de constituir receita integral do município, passando a ser 50% receita municipal e 50% receita paroquial. O que significa mais um reforço da capacidade financeira das freguesias, no sentido do desenvolvimento de uma ideia que havia começado a ser concretizada na LFL/1998.

Todavia, a receita mais importante das freguesias é, à semelhança do que acontece de resto com os municípios, a proveniente das transferências do Estado. Mais especificamente a participação nos impostos estaduais, concretizada no Fundo de Financiamento das Freguesias (FFF), equivalente a 2,5% da média aritmética simples da receita proveniente dos IRS, IRC e IVA. Inscritos anualmente na LOE, os montantes do FFF são transferidos trimestralmente até ao dia 15 do 1.º mês do trimestre correspondente, em conformidade como Mapa XX do Orçamento[68].

Quanto à distribuição do FFF pelas freguesias, este obedece aos seguintes critérios:

a) 50% a distribuir de acordo com a sua tipologia[69]:
   i) 14% a distribuir igualmente por todas as freguesias;
   ii) 11% a distribuir igualmente por todas as freguesias integradas em áreas medianamente urbanas;
   iii) 25% distribuir igualmente por todas as freguesias integradas em áreas predominantemente rurais;
b) 5% igualmente por todas as freguesias;
c) 30% na razão directa do número de habitantes;
d) 15% na razão directa da área.

Também as freguesias podem recorrer crédito, uma reivindicação que, embora antiga das freguesias, foi concretizada apenas na LFL/1998. Nos termos do art. 44.º da actual LFL, as autarquias paroquiais podem contrair em-

---

[68] O que significa que as transferências do Estado para as freguesias não passam pelos municípios, como acontecia antes da LFL//1998, segundo um sistema em que cada município devia transferir para as suas freguesias 5% das verbas para ele transferidas pelo Estado por conta do FEF – cf. o nosso estudo «O regime das finanças locais em Portugal», *ob. cit.*, p. 596 e s.

[69] Os tipos de freguesias são definidos de acordo com a tipologia das áreas urbanas, definida pela deliberação n.º 158/98, de 11 de Setembro, do Conselho Nacional de Estatística.

préstimos de curto prazo e utilizar aberturas de crédito, desde que sejam amortizados na sua totalidade no prazo máximo de um ano após a sua concessão. Estes empréstimos são contraídos para ocorrer a dificuldades de tesouraria, não podendo o seu montante ultrapassar 10% do respectivo FFF.

Diversamente do que sucedia no domínio da LFL/ /1998, as freguesias podem agora, nos termos do n.º 2 do referido art. 44.º, celebrar contratos de locação financeira para a aquisição de bens imóveis, por um prazo máximo de cinco anos. Por seu lado, em sede limites, é vedado às freguesias quer o aceite quer o saque de letras de câmbio, a concessão de avales cambiários, bem como a subscrição de livranças, a concessão de garantias pessoais e reais e a contratação de empréstimos de médio e longo prazo.

Mas, para além de 50% do IMI sobre prédios rústicos, do FFF e dos empréstimos, as freguesias dispõem ainda de outras receitas, entre as quais se destacam as resultantes de taxas paroquiais. Pois bem, nos termos dos arts. 17.º e 18.º da LFL e do n.º 3 do art. 6.º do RGTAL, as freguesias podem cobrar diversas taxas. Segundo este último preceito, as taxas das freguesias incidem sobre utilidades prestadas aos particulares ou geradas pela actividade das freguesias, designadamente:

a) pela concessão de licenças, prática de actos administrativos e satisfação administrativa de outras pretensões de carácter particular;

b) pela utilização e aproveitamento do domínio público e privado das freguesias;

c) pela gestão de equipamento rural e urbano;

d) pelas actividades de promoção do desenvolvimento local.

V

ALUSÃO AO CONTROLO DAS FINANÇAS LOCAIS PELO GOVERNO

Façamos agora uma breve referência ao controlo que o Governo exerce sobre as finanças das autarquias locais. Neste domínio, em consonância de resto com o própria autonomia local constitucionalmente reconhecida, vale o princípio constitucional segundo o qual ao Governo cabe exercer sobre as autarquias locais apenas um poder de tutela administrativa. E um poder de tutela administrativa que se limita à "verificação do cumprimento da lei por parte dos órgãos autárquicos e é exercida nos casos e segundo as formas previstas na lei" (art. 243.º, n.º 1, da Constituição)[70].

---

[70] Sobre a natureza da tutela a exercer pela administração estadual sobre a administração autónoma local, como uma *tutela externa* ou *de mera coordenação* dos interesses nacionais com os interesses próprios locais ou dos interesses locais entre si, e não uma *tutela interna, de orientação* ou *de superintendência* dirigida à salvaguarda do mesmo interesse simultaneamente a cargo (se bem que a níveis ou títulos diferentes) do ente tutelar e do ente tutelado, exigida pelo próprio princípio constitucional da autonomia local, v. o nosso estudo, «A autonomia local (Alguns aspectos gerais)», *cit.*, p. 65 e ss. Natureza essa que, a nosso ver, tem claro suporte na distinção entre

Ou seja, a tutela sobre as autarquias locais é apenas uma tutela de legalidade, não podendo, por conseguinte, a administração estadual apreciar o mérito, isto é, a oportunidade e conveniência dos actos dos órgãos autárquicos. Um princípio que, aplicado ao segmento da actividade autárquica agora em apreço, ou seja às finanças locais, obsta a que os serviços da administração fiscal estadual incumbidos da tutela destas possa avaliar a eficácia, a eficiência, a oportunidade e a adequação dos meios financeiros despendidos pelas autarquias locais.

Em concretização daquela disposição constitucional, prescreve, por seu lado, o art. 2.º da Lei da Tutela Administrativa das Autarquias Locais e Entidades Equiparadas[71], definindo assim a tutela administrativa: "a tutela administrativa consiste na verificação do cumprimento das leis e regulamentos por parte dos órgãos e dos serviços das autarquias locais e entidades equiparadas".

Mas para além deste limite, constitucionalmente imposto, a nossa lei estabelece ainda um outro limite, não exigido pela Constituição, à tutela sobre as autarquias locais. Com efeito, tanto a já mencionada Lei da Tutela

---

administração directa do Estado, administração indirecta e administração autónoma, constante da alínea *d)* do art. 199.º da Constituição, em que se dispõe: "compete ao Governo, no exercício de funções administrativas: dirigir os serviços e a actividade da administração directa do Estado, civil e militar, superintender na administração indirecta e exercer a tutela sobre esta e sobre a administração autónoma". Sobre a configuração e natureza da tutela sobre os municípios v. desenvolvidamente, ANDRÉ FOLQUE, *A Tutela Administrativa nas Relações entre o Estado e os Municípios (Condicionalismos Constitucionais)*, Coimbra Editora, Coimbra, 2004, p. 235 e ss.

[71] A Lei n.º 27/96, de 1 de Agosto.

Administrativa das Autarquias Locais e Entidades Equiparadas, que contém a disciplina geral da referida tutela, como a lei que regula a tutela no domínio das finanças locais, limita a tutela sobre as autarquias locais à tutela inspectiva.

Assim e no respeitante à legislação geral sobre a tutela autárquica, prescreve-se no n.º 1 do art. 3.º daquela Lei: "a tutela administrativa exerce-se através da realização de inspecções, inquéritos e sindicâncias". E, certamente para que não restassem quaisquer dúvidas quanto ao sentido limitado dessa tutela, acrescenta-se no n.º 2 desse art. 3.º uma definição de inspecção, inquérito e sindicância, nestes termos: "no âmbito deste diploma:

a) inspecção consiste na verificação da conformidade dos actos e contratos dos órgãos e serviços com a lei;

b) inquérito consiste na verificação da legalidade dos actos e contratos concretos dos órgãos e serviços resultante de fundada denúncia apresentada por quaisquer pessoas singulares ou colectivas ou de inspecção;

c) sindicância consiste numa indagação aos serviços quando existam sérios indícios de ilegalidades de actos de órgãos e serviços que, pelo seu volume e gravidade, não devam ser averiguados no âmbito do inquérito".

Por seu lado, no concernente à legislação financeira, prescreve o art. 9.º da LFL: "a tutela sobre a gestão patrimonial e financeira das autarquias locais abrange a sua administração directa e indirecta e as entidades do sector empresarial local, é meramente inspectiva e só pode ser exercida segundo as formas e nos casos previstos na lei, salvaguardando sempre a democraticidade e a autonomia do poder local". De salientar que, ao contrário da LFL/1998, o preceito acabado de reproduzir refere expressamente que a tutela abrange também a administração indirecta local e as entidades do sector empresarial local.

Pelo exposto, a fiscalização a levar a cabo pelo Governo, em tudo o que se refere à gestão patrimonial e financeira autárquica, reduz-se à tutela inspectiva a exercer através da Inspecção-Geral de Finanças. O que tem como consequência, nomeadamente, atirar para o Tribunal de Contas os controlos que, num outro entendimento das coisas, poderiam muito bem ser efectivados através de outras formas de tutela administrativa[72].Uma ideia que, embora atenuada, não é posta em causa pelos poderes atribuídos às entidades reguladoras em sede dos preços de abastecimento público de água, de saneamento de águas residuais e de gestão de resíduos sólidos.

---

[72] O nosso legislador adoptou assim uma concepção restritiva da tutela sobre as autarquias locais. O que nos suscita a interrogação de se não estamos face a mais uma das manifestações da velha inimizade ao Executivo, herdada do "Estado de polícia" e que tem resistido ao tempo, expressa, quanto ao aspecto agora em consideração, na tendencial crença na ideia de que só os tribunais estão em condições de realizar a ideia de Direito e de assegurar assim um verdadeiro *due process of law*. Uma concepção de todo inaceitável no Estado de direito, em que, como é sabido, por força da sua própria natureza, todos os poderes participam na realização da ideia de Direito.

VI

QUE FUTURO PARA A AUTONOMIA FINANCEIRA LOCAL?

Chegados aqui, deparamo-nos com a seguinte pergunta: que futuro para a autonomia financeira local? Uma pergunta que, como facilmente se intui, embora feita relativamente a um aspecto ou segmento da autonomia local, ainda que o mais importante desse princípio estruturante da organização territorial do Estado, não pode deixar de se reportar ao quadro mais amplo da autonomia local *tout court*.

Mas, porque a autonomia local é apenas um dos patamares dessa organização territorial, subamos de plano alargando os horizontes da pergunta e questionando-nos sobre o próprio futuro do Estado, essa genial instituição que a modernidade nos legou.

Pois bem, a este respeito, vamos começar por uma verificação. Mais exactamente, pela verificação de um fenómeno que afecta a actual organização territorial do poder político estadual, o qual, desde há quase uma década, vimos designando por «salamização» do Estado[73]. Um

---

[73] V. o nosso estudo «Algumas reflexões críticas sobre os direitos fundamentais», *Ab Uno Ad Omnes – 75 Anos da Coimbra Editora*, Coimbra Editora, Coimbra, 1998, p. 972 e ss., agora também no

fenómeno que conhece, de resto, um vector interno e um vector externo e, em cada um destes vectores, diversas manifestações, como se pode ver pelo esquema que se segue.

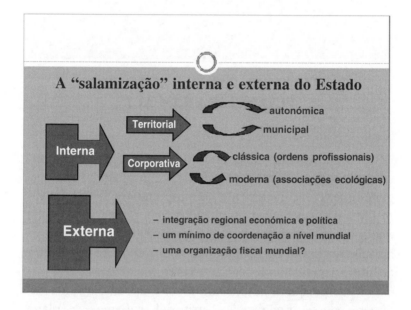

Como escrevemos então e repetimos agora, trata-se da fragmentação ou fraccionamento do (poder) do Estado em virtude sobretudo da intensa disputa que os mais variados pólos e estruturas do poder político e sócio-económico vêm travando, reivindicando para si parcelas cada vez mais significativas do poder estadual como se este estivesse em saldos ou mesmo em liquidação.

---

nosso livro *Por uma Liberdade com Responsabilidade – Estudos sobre Direitos e Deveres Fundamentais*, Coimbra Editora, Coimbra, 2007, p. 97 e ss.

O que tem tido como consequência que o Estado esteja a perder progressivamente poder, desde logo, para as estruturas montante, seja por força da integração económica e política comunitária, seja em virtude da necessidade de coordenação a nível mundial da actividade estadual, sobretudo a de natureza económica, que o fenómeno da internacionalização e globalização das relações económicas impõe. Daí a criação e o relevo crescente de organizações internacionais do tipo da OMC, ou de propostas como a que propõe uma organização fiscal mundial.

Mas o Estado está também a «salamizar-se» a jusante através das mais variadas e não raro subtis formas de desconcentração política e de descentralização administrativa. O que tem sido alimentado por regionalismos e municipalismos protagonistas contínuos de processos aparentemente inesgotáveis de "autonomia progressiva".

A que acresce a «salamização» horizontal impulsionada pelos mais diversas organizações e grupos de pressão, em que encontramos, ao lado das clássicas associações públicas de profissionais liberais, os mais recentes grupos de defesa e preservação do ambiente. Um segmento do fenómeno que, em virtude de não assentar na prossecução de interesses indiferenciados de todos os habitantes de uma circunscrição territorial, mas em específicos interesse de grupo, se revela bem mais demolidor do poder do Estado.

Mas se isto é assim em relação ao Estado, como facilmente se compreende, o fenómeno amplia-se em relação às autarquias locais, *maxime* em relação aos municípios. Pois, em relação a estes, porque a sua dimensão cada vez menos se coaduna com a realização de importantes interesses públicos, assiste-se à crescente centripetação das correspondentes atribuições e competências para o Estado ou mesmo para o mercado.

Abstraindo-nos, porém, desse fenómeno, e tendo em conta apenas a autonomia financeira das autarquias locais, que é o tema desse nosso escrito, não podemos deixar de mencionar alguns aspectos referentes à realidade dessa autonomia. O que se prende com a ausência de uma ideia clara de reorganização autárquica, com a dependência das receitas das transferências do Estado, com o excessivo peso nas receitas próprias dos municípios das provenientes do sector imobiliário, com o entendimento dos municípios como suporte do emprego, etc.

Relativamente ao primeiro dos aspectos referidos, o da ausência de uma ideia clara de *reorganização autárquica*, tem a ver com a falta de uma qualquer previsão legal relativa à extinção ou fusão de autarquias. Uma matéria que, pelos vistos, constitui um verdadeiro *tabu* na nossa democracia.

O que tem como consequência que se mantenham municípios e freguesias, ainda que a sua dimensão populacional seja de todo incompatível como uma gestão minimamente eficiente. Pois a única disposição que vai nesse sentido, de resto tímida e muito cautelosa, é a constante do art. 33.º da LFL/2007 que, como incentivo à fusão de freguesias, cria uma majoração do FFF em 10% até ao final do mandato seguinte à fusão.

Toda uma situação que, a nosso ver, mais não é do que uma manifestação, das mais reveladoras de resto, de um fenómeno bem mais amplo e preocupante, como é o do crescente afastamento, quando não puro e simples esquecimento, por parte das instituições públicas em geral do verdadeiro interesse público, ou seja, do interesse

Que Futuro para a Autonomia Financeira Local?

geral. O que reclama dos responsáveis pelas soluções legais que suportam as instituições, dos homens políticos portanto, uma virtude cívica e um rigor capazes de descobrir e impor o respeito por esse interesse geral sobre os interesses de natureza essencialmente corporativa que, um pouco por toda a aparte, se vêm engendrando e impondo *urbi et orbi*[74].

Olhando agora para um outro domínio, para as receitas municipais, verificamos que nelas têm um peso decisivo as *transferências do Estado*, já que elas representam mais de 50% dessas receitas. O que pode alimentar fenómenos bem pouco lisonjeiros como o de "paternalismo estadual" ou de "esquizofrenia municipal". Enquanto aquele torna os municípios excessivamente dependentes da "mesada" do Estado, este implica uma dupla identidade para os municípios que assim seriam, de um lado, totalmente "autónomos" para gastar e, de outro lado, totalmente "dependentes" face ao Estado para angariar as correspondentes meios financeiros[75].

Um outro aspecto a seu modo censurável, respeitante agora às receitas próprias dos municípios, é o que acontece com a generalidade dos municípios dos grandes centros urbanos e com boa parte dos do litoral do País, em que se verifica uma excessiva dependência dessas receitas provenientes do *sector imobiliário*, ou seja, das receitas do IMI, do IMT e das taxas urbanísticas. O que comporta o risco

---

[74] Sobre este candente problema, v. as criteriosas reflexões, que embora feitas a respeito da fiscalidade, têm inequívoco alcance geral, de MAURICE LAURÉ, *Science Fiscale*, Puf, 1993, p, 26 e ss., e 400 e s.

[75] Cf. o nosso estudo «O regime das finanças locais em Portugal», *ob. cit.*, p. 576 e s.

80 *A Autonomia Financeira das Autarquias Locais*

sério de o nível de receitas próprias desses municípios vir a sofrer uma queda acentuada ou mesmo brusca[76].

Por seu turno, em relação aos pequenos municípios do interior, com destaque para os do sul do Tejo, verifica--se, que não raro, acabam por ser os maiores empregadores na respectiva circunscrição territorial. O que, concretizando uma espécie de "socialismo de município", é uma situação que também não merece elogios[77].

Posto quanto vimos de dizer, que concluir quanto ao futuro da autonomia local ou, mais especificamente, que concluir quanto à autonomia municipal?

Em jeito de resposta, que ao mais certo não é resposta nenhuma, uma ideia sobre o papel dos municípios ao longo do Estado (moderno) e uma referência ao que me parece um paradoxo. Relativamente à ideia sobre o papel dos municípios ao longo do Estado (moderno), podemos assinalar que o município terá sido no século XIX uma entidade fundamentalmente económica (de gestão) privada[78], no século XX uma entidade basicamente económico-social

---

[76] Pois é previsível que, a mais ou menos longo prazo, o sector do imobiliário, mesmo que não seja atingido por um *crash* (como, por vezes, é anunciado), deixe de ter a dinâmica que tem demonstrado nas últimas décadas.

[77] Muito embora, devamos reconhecer, essa prática tenha evitado uma desertificação ainda maior de alguns municípios.

[78] Daí que a intervenção na vida económica e social das comunidades locais por parte dos municípios jamais tenha levantado quaisquer clamores, mormente dos do tipo que suscitou essa intervenção por parte do Estado, pois este, para se manter dentro dos estritos padrões de neutralidade económica e social próprios do Estado liberal, não podia apresentar-se senão como um Estado mínimo.

Que Futuro para a Autonomia Financeira Local? 81

e no século XXI não tenderá para uma entidade reguladora à procura do seu espaço?

Por seu turno, quanto ao paradoxo, que mais do que um paradoxo é uma perplexidade, enuncia-se assim: enquanto as empresas e as organizações da economia progressivamente se concentram, e se concentram a nível mundial, o Estado apresenta-se em crescente desagregação vertical (a montante e a jusante) e horizontal. Ora, perante tão divergente evolução do Estado e do mercado, como poderá aquele, designadamente, desincumbir-se de uma das suas mais nobres tarefas, como é a de subordinar o poder económico ao poder político democrático, como prescreve a al. *a)* do art. 80.º da nossa Constituição?

Em jeito de resposta, podemos dizer que, em relação ao Estado e seus desdobramentos territoriais, não pode deixar de valer, de algum modo, o que vem sendo afirmado relativamente ao mundo da economia e dos negócios, ou seja, no respeitante ao mundo das empresas. De facto, apesar de a globalização estar a forjar uma cada vez uma maior concentração da economia e dos negócios em grandes empresas multinacionais, que operam verdadeiramente à escala global, continuam a sobreviver ou a surgir importantes *clusters* ou nichos particularmente adequados às pequenas e médias empresas, as quais, não raro, revelando uma extraordinária *performance*, se vêm constituindo em verdadeiros *players* internacionais ou mesmo mundiais em domínios, aliás, de forte concorrência. Um fenómeno que, de resto, não deixa de ter expressão também em Portugal.

Por isso, tendo presente o que vimos de dizer, também o Estado, as regiões autónomas e as autarquias locais continuarão a ser titulares de importantes atribuições e competências em segmentos que jamais poderão transferir-se, num plano, para o mercado e, noutro plano, das organizações territoriais menores para instâncias territoriais maiores. Muito embora, relativamente àquele primeiro plano, seja de fazer ainda uma consideração final.

Assim, quanto àquele primeiro plano, devemos acrescentar e sublinhar que são as formas de actuação dessas organizações públicas que têm vindo a mudar, passando da intervenção (interna) para a regulação e garantia, numa clara reacção ao "excesso de carga" do Estado social atingido nos finais do século XX. Uma mudança que, ao contrário do que, à primeira vista, possa parecer, não significa, longe disso, o regresso ao Estado mínimo do século XIX.

Pois bem podemos dizer que, ao mesmo tempo que economicamente se caminha no sentido de um *Estado anoréctico*, financeiramente estamos cada vez mais face a um *Estado obeso*. Na verdade, enquanto no domínio da sua actuação económica e social o Estado enfrenta as maiores dificuldades, com particular reflexo no que respeita ao desempenho da referida tarefa constitucional de subordinar o poder económico ao poder político democrático, no campo financeiro não cessa de atingir preocupantes níveis de um Estado afectado de obesidade, com expressão bem patente, entre nós, no contínuo aumento da carga fiscal, trilhando, assim, um caminho que, se não o arrepiar a tempo, corre o risco sério de conduzir a um Estado fiscal verdadeiramente insuportável, concretizando assim um "socialismo a frio" por via fiscal, na conhecida expressão de *A. Hensel*.

E contra isto não se diga que a carga fiscal em Portugal ainda é, a seu modo, relativamente baixa, como é referido em geral pelas organizações internacionais com destaque para a OCDE, uma vez que, tendo em conta os

Que Futuro para a Autonomia Financeira Local? 83

dados relativos a 2005, a mesma se situa na casa dos 36%, correspondendo assim a pouco mais 90% da média europeia[79]. É que o peso efectivo, o real significado da carga fiscal não pode ser cabalmente avaliado socorrendo-nos unicamente de tão simples e linear suporte. Pois é imprescindível ter em conta o correspondente PIB *per capita*, o qual nesse ano se situou entre nós na casa dos 64% da média europeia. Pelo que, comparando o peso da carga fiscal com o nível de rendimentos revelado pelo PIB *per capita*, chegamos a uma carga fiscal para 2005 correspondente na realidade a 140% da média europeia[80]. Ou seja, para um PIB *per capita* igual à média europeia, a carga fiscal portuguesa apresenta-se não abaixo, mas acima da média europeia, já que se eleva em 40% acima da carga fiscal da média europeia.

O que significa, devemos sublinhá-lo, que para os cidadãos, ou melhor para os contribuintes, a nova forma que o Estado vem assumindo em sede da sua intervenção económica e social, que podemos designar por *Estado regulático*, não se revela um grande progresso. Afinal, a conta que temos de pagar, ou seja, a carga fiscal que temos de suportar, não dá quaisquer sinais de abrandar e, menos ainda, de diminuir, tendo, bem pelo contrário, vindo a aumentar constantemente nos últimos anos. O que patenteia, de um tal ponto de vista, um Estado tão ou mais opressivo do que o seu antecessor que, por toda a parte, se pretende desmantelar.

---

[79] Lembramos que, por simplificação, trabalhamos com percentagens arredondadas por baixo e tendo em conta a União Europeia a 15 (portanto EU-15 = 100).

[80] Pois que 90% / 64% = 140%.

BIBLIOGRAFIA CITADA

AFONSO MARCOS, «As taxas municipais e o princípio da legalidade fiscal», *Fisco*, n.º 74/75, Jan.-Fev. de 1996.

AFONSO QUEIRÓ, *Teoria dos Actos de Governo*, Coimbra, Coimbra Editora, 1948, depois em *Estudos de Direito Público*, vol. I – *Dissertações*, Acta Universitatis Conimbrigensis, 1989, Coimbra.

ALBERTO XAVIER, *Manual de Direito Fiscal*, Lisboa, 1974.

ALVES CORREIA, *O Plano Urbanístico e o Princípio da Igualdade*, Almedina, Coimbra, 1989.

ANDRÉ FOLQUE, *A Tutela Administrativa nas Relações entre o Estado e os Municípios (Condicionalismos Constitucionais)*, Coimbra Editora, Coimbra, 2004.

ANÍBAL ALMEIDA, *Estudos de Direito Tributário*, Coimbra Editora, Coimbra, 1996.

CASADO OLLERO, Gabriel, *La Financiación de los Municípios. Experiencias Comparadas*, Dykinson, Madrid, 2005.

CÂNDIDO DE OLIVEIRA, A., *Direito das Autarquias Locais*, Coimbra Editora, Coimbra, 1993.

CASALTA NABAIS, José, «Considerações sobre a autonomia financeira das universidades portuguesas», número especial do *Boletim da Faculdade de Direito de Coimbra – Estudos em Homenagem ao Prof. Doutor António de Arruda Ferrer Correia*, vol. III, 1991.

————— , «A autonomia local (Alguns aspectos gerais)», número especial do *Boletim da Faculdade de Direito de*

Coimbra – Estudos em Homenagem ao Prof. Doutor Afonso Rodrigues Queiró, vol. II, Coimbra, 1993.

——————, *O Dever Fundamental de Pagar Impostos. Contributo para a Compreensão Constitucional do Estado Fiscal Contemporâneo*, Almedina, Coimbra, 1998.

——————, «Algumas reflexões críticas sobre os direitos fundamentais», *Ab Uno Ad Omnes – 75 Anos da Coimbra Editora*, Coimbra Editora, Coimbra, 1998 = *Por uma Liberdade com Responsabilidade – Estudos sobre Direitos e Deveres Fundamentais*, Coimbra Editora, Coimbra, 2007.

——————, *Direito Fiscal*, 4.ª ed., Almedina, Coimbra, 2006.

——————, «A Região Administrativa Especial de Macau: federalismo ou regionalismo?», *Boletim da Faculdade de Direito de Coimbra*, ano LXXVII, 2001.

——————, «Direito fiscal e tutela do ambiente em Portugal», em H. TAVEIRA TORRES, *Direito Tributário Ambiental*, Editora Revista dos Tribunais, S. Paulo, 2005 = *Por um Estado Fiscal Suportável – Estudos de Direito Fiscal*, Almedina, Coimbra, 2005.

——————, «O regime das finanças locais em Portugal», Boletim da Faculdade de Direito de Coimbra, Vol. LXXX, 2004 = *Por um Estado Fiscal Suportável – Estudos de Direito Fiscal*, Almedina, Coimbra, 2005.

——————, Anotação ao Ac. do Tribunal Constitucional n.º 63/2006, *Cadernos de Justiça Administrativa*, n.º 59, Setembro/Outubro de 2006.

——————, «Política fiscal, desenvolvimento sustentável e luta contra a pobreza», conferência no Fórum Parlamentar *«Políticas Fiscais, Desenvolvimento Sustentável e Luta contra a Pobreza»*, promovido pela Assembleia Nacional de Cabo Verde e Fundação Friedrich Ebert a 12 e 13 de Abril de 2007, em vias de publicação nas correspondentes *Actas* e na revista *Ciência e Técnica Fiscal*.

CARDOSO DA COSTA, J. M., *Curso de Direito Fiscal*, 2.ª ed. Atlântida, Coimbra, 1972.

CEJUR, *30 Anos de Poder Local na Constituição da República Portuguesa*, Braga, 2006.

CRUZ COELHO, Maria Helena / J. ROMERO DE MAGALHÃES, J., *O Poder Concelhio. Das Origens às Cortes Constituintes*, Edição do Centro de Estudos e Formação Autárquica, Coimbra, 1986.

FICHERA, F., «I contributi speciali e le tasse», in A. AMATUCCI (Dir.), *Trattato de Diritto Tributario*, vol. IV, Padova, 1994.

FREITAS DO AMARAL, Diogo, *Direito do Urbanismo – Sumários*, Lisboa, 1993

————— , *Curso de Direito Administrativo*, vol. I, 3.ª ed., Almedina, Coimbra, 2006.

GOMES CANOTILHO, J. J., *Direito Constitucional e Teoria da Constituição*, 7.ª ed., Almedina, Coimbra, 2003.

GOMES CANOTILHO / VITAL MOREIRA, *Constituição da República Portuguesa Anotada*, 4.ª ed., Vol. I – *Artigos a 1.º a 107.º*, Coimbra Editora, Coimbra, 2007.

JOSÉ MATOSO, *Identificação de um País. Ensaio sobre as Origens de Portugal* 1098-1325, Lisboa, Estampa, 1985.

KIRCHHOF, F., *Grundriss des Abgabenrechts. Steuern. Gebühren. Beiträge. EG- und Sonderabgaben*, C. F. Müller, Heidelberg, 1991.

LEITE DE CAMPOS, Diogo, «Fiscalidade do urbanismo», in *Direito do Urbanismo*, INA, 1989.

MARCELLO CAETANO, *Manual de Direito Administrativo*, vol. I, 10.ª ed., Coimbra Editora, Coimbra, 1973.

————— , *Estudos de História da Administração Pública Portuguesa*, obra organizada por D. Freitas do Amaral, Coimbra Editora, Coimbra, 1994.

MAURICE LAURÉ, *Science Fiscale*, Puf, Paris, 1993.

ORTEGA MALDONADO, Juan M., *Tasas sobre Moléstias e Riesgos Permitidos*, Investigacíon Jurídica n.º 1/05, Instituto de Estúdios Fiscales, Madrid, 2005.

OSVALDO GOMES, «Direito do urbanismo», in *Direito das Empresas*, INA, 1990,

PAZ FERREIRA, E., «Ainda a propósito da distinção entre impostos e taxas: o caso da taxa pela realização de infra-estruturas urbanísticas», *Ciência e Técnica Fiscal*, 380, Outubro-Dezembro de 1995.

PIRES DE LIMA, A. P., *A Tutela Administrativa nas Autarquias Locais*, 2.ª ed., Coimbra Editora, Coimbra, 1968.

ROVIRA I MOLA, A., «Classificaciones de los tributos: contribuciones especiales (Artículo 26)», in *Comentarios a la Ley General Tributaria y Lineas para su Reforma – Homenaje a Fernando Sainz de Bujanda*, vol. I, Instituto de Estudios Fiscales, Madrid, 1991.

SÁ GOMES, Nuno, «Alguns aspectos jurídicos e económicos controversos da sobretributação imobiliária no sistema fiscal português», *Ciência e Técnica Fiscal*, 386, Abril-Junho de 1997.

SOUSA FRANCO, A. L., *Finanças Públicas e Direito Financeiro*, vol. II, 4.ª ed., Almedina, Coimbra, 1992.

TAVARES DA SILVA, Suzana, «O regime geral das taxas das autarquias locais: da inconstitucionalidade por omissão à inconstitucionalidade por acção» em vias de publicação na revista *Fiscalidade*.

TRIBUNAL CONSTITUCIONAL, *Acórdãos do Tribunal Constitucional.*, vol.s, 7, 10 e e 23.

VITAL MOREIRA, *Administração Autónoma e Associações Públicas*, Coimbra Editora, Coimbra, 1997.

ÍNDICE

Nota prévia 5

Sumário 7

I – As autarquias locais na estrutura do Estado 9

    1. As autarquias locais na situação anterior 9

    2. O princípio da autonomia local 14

    3. As autarquias locais portuguesas 20

II – A autonomia financeira local 27

III – As receitas municipais 35

    1. As receitas fiscais 35

    2. As taxas e os preços 46

    3. As transferências do Estado 56

    4. O recurso ao crédito 63

IV – As receitas das freguesias 67

V – Alusão ao controlo das finanças locais pelo Governo .. 71

VI – Que futuro para a autonomia financeira local? 75

Bibliografia citada 85